MANUEL DE THÉRAPIE D'ACCEPTATION ET D'ENGAGEMENT (ACT)

UN GUIDE COMPLET DE LA PLEINE CONSCIENCE CHANGER ET GUÉRIR L'ANXIÉTÉ, LA DÉPRESSION, LES CRISES DE PANIQUE ET LA COLÈRE

Jean Martin

entreprises en dehors de son champ d'action direct. Quoi qu'il en soit, il n'existe aucun scénario dans lequel l'auteur original ou l'éditeur peuvent être considérés comme responsables de quelque manière que ce soit des dommages ou des difficultés qui peuvent résulter de l'une des informations présentées ici.

En outre, les informations contenues dans les pages suivantes ne sont destinées qu'à des fins informatives et doivent donc être considérées comme universelles. Comme il sied à leur nature, elles sont présentées sans garantie quant à leur validité prolongée ou leur qualité intermédiaire. Les marques commerciales mentionnées le sont sans autorisation écrite et ne peuvent en aucun cas être considérées comme une approbation du détenteur de la marque.

Contenu

CHAPITRE UN

INTRODUCTION À LA THÉRAPIE D'ACCEPTATION ET D'ENGAGEMENT (ACT).

INTRODUCTION

Depuis longtemps, les spécialistes du domaine de la psychologie ont tenté de créer des médiations scientifiques, limitées dans le temps, pour les personnes qui souhaitent vaincre les problèmes de bien-être émotionnel. Ainsi, de nombreuses personnes ont obtenu d'énormes succès dans la prise en compte et le traitement d'un large éventail de problèmes et ont connu une plus grande prospérité. Quoi qu'il en soit, la récupération à long terme et l'anticipation des rechutes restent des problèmes potentiels pour ceux qui cherchent un traitement pour les troubles émotionnels. Ces derniers temps, de nouveaux types de soins infirmiers, dont l'ACT, ont été créés dans l'espoir d'accroître les résultats à long terme dans le traitement des troubles du bien-être psychologique.

L'ACT repose sur l'hypothèse de l'avantage social (également connue sous le nom de théorie du cadre relationnel (RFT)), une école de recherche qui se concentre sur le langage et l'intuition humaine. La RFT propose que les aptitudes saines utilisées par le cerveau humain pour aborder les problèmes puissent être inefficaces pour aider les individus à vaincre les douleurs mentales. Sur la base de cette recommandation, le traitement

ACT a été créé pour enseigner aux individus que, bien que la douleur mentale soit ordinaire, nous pouvons apprendre des approches pour vivre de manière plus avantageuse et plus saine, en changeant notre façon de considérer ou de penser la douleur.

À partir de la fin des années 1990, de nombreux manuels de traitement ont été créés pour présenter des approches permettant d'utiliser l'ACT pour traiter différents problèmes de bien-être psychologique. Le traitement utilisant ces manuels a été examiné de manière expérimentale. Cela a permis de soutenir l'utilisation de l'ACT dans le traitement de la toxicomanie, de la psychose, de l'anxiété, de la dépression, de la douleur chronique et des troubles alimentaires.

Nous désignons formellement ACT par le mot "act" et non par les initiales A-C-T. Il y a une justification valable à cela. Au fond, l'ACT est un traitement de la conduite : il est lié au fait de faire un geste. En tout cas, il ne s'agit pas de n'importe quelle action. En premier lieu, il s'agit d'une action guidée par les qualités. Ce modèle comporte une part existentielle importante : Que voulez-vous représenter dans la vie ? La chose principale, quelque part au fond de votre cœur ? À quoi voudriez-vous être associé lors de votre enterrement ? L'ACT vous permet d'entrer en contact avec l'essentiel à 10 000 pieds de hauteur : les désirs les plus profonds de votre cœur concernant qui vous devez être et ce que vous devez faire pendant votre courte période de temps sur cette planète. À ce moment-là, vous utilisez ces croyances fondamentales pour diriger, persuader et susciter le changement de conduite. Deuxièmement, il s'agit d'une action "prudente" : une action que vous entreprenez délibérément, en pleine conscience - ouverte à votre expérience et complètement occupée par ce que vous faites. L'ACT tire son nom de l'un de ses messages centraux : reconnaissez ce qui échappe à votre contrôle et concentrez-vous sur une action qui améliore votre vie. Le but de l'ACT est de nous aider à créer une vie riche, pleine et significative tout en tolérant la douleur que la vie apporte inévitablement.

L'ACT y parvient en nous montrant des capacités mentales pour gérer avec succès les considérations et les émotions douloureuses afin qu'elles aient beaucoup moins d'impact et de répercussions.

C'est ce que l'on appelle les aptitudes de soins. Elles nous aident à expliquer ce qui est véritablement essentiel et significatif pour nous - c'est-à-dire à expliquer nos qualités - et à utiliser ces informations pour nous diriger, nous stimuler et nous inspirer afin de fixer des objectifs et de faire un geste qui fait progresser ou enrichit notre vie.

Il n'y a pas beaucoup de personnes qui viennent à ACT et qui se jettent à l'eau la tête la première. Vous, comme la plupart des autres, commencez peut-être par plonger un orteil dans l'eau. Ensuite, vous y mettez un pied entier, puis un genou, une jambe entière. Enfin, vous vous retrouvez en ce moment même, avec une jambe dans l'eau et une jambe en dehors. Et dans l'ensemble, vous restez là pendant un long moment, à moitié, au milieu, sans savoir exactement si ACT est pour vous. Enfin, à un moment donné, vous plongez. Et quand vous le faites, vous trouvez que l'eau est chaude, invitante et animée ; vous vous sentez libre, léger et ingénieux ; et vous avez besoin d'y investir beaucoup plus d'énergie. Lorsque cela se produit, il est généralement impossible de revenir à votre ancienne méthode de travail. (Si cela ne s'est pas encore produit, j'espère que ce sera le cas avant la fin de ce livre). L'une des explications de cette incertitude sous-jacente à l'ACT est qu'elle remet en question les modes de pensée éprouvés et renverse les procédures standard de la plupart des psychologies occidentales. Par exemple, la plupart des modèles de traitement sont incroyablement centrés sur la diminution des indications (symptômes). Ils supposent que les clients doivent réduire leurs effets secondaires avant de pouvoir avoir une existence supérieure.ACT adopte une position fondamentalement extraordinaire. L'ACT s'attend à ce que :

- La satisfaction personnelle est tributaire d'une action prudente et guidée par des valeurs, et
- Cela est concevable sans tenir compte du nombre de signes que vous avez, à condition que vous réagissiez à vos indications avec soin.

En d'autres termes, une vie prudente et conforme aux valeurs est le résultat idéal de l'ACT, et non la diminution des effets secondaires. Ainsi, même si l'ACT diminue habituellement les signes, ce n'est jamais l'objectif. (Soit dit en passant, comme "vivre en accord avec ses valeurs" est un élément quelque peu significatif, pour la majorité du livre, je l'abrègerai en "vivre en accord avec ses valeurs". Désolé, je sais que ce n'est pas un anglais incroyable). Ainsi, dans ACT, lorsque nous montrons à un client des capacités de soins, le but n'est pas de diminuer ses signes, mais de changer de façon permanente sa relation avec ses effets secondaires, afin qu'ils ne l'éloignent plus jamais de la vie estimée. Le fait que ses effets secondaires diminuent est considéré comme une "récompense" par opposition à la question centrale du traitement.

Nous ne déclarons pas à nos clients : "Nous n'allons pas essayer de diminuer vos effets secondaires !". Pourquoi pas ? Depuis :

- Cela créerait un large éventail de limites inutiles et utiles, et
- Nous nous rendons compte que la diminution des effets secondaires est étonnamment probable. (Malgré le fait que nous ne nous y attardons jamais, dans presque tous les modèles préliminaires, What's It All About ? et concentrés à tout moment sur l'ACT, il y a une diminution notable des indications - bien que dans

certains cas, cela se produise plus progressivement que dans d'autres modèles).

Cela signifie donc que si vous venez à ACT à partir de modèles qui sont extrêmement centrés sur la tentative de réduire les effets secondaires, c'est vraiment un énorme changement de perspective. Heureusement, la grande majorité - conseillers et clients confondus - pense que c'est un changement libérateur.

Néanmoins, comme l'ACT est tellement unique par rapport aux autres méthodologies mentales, de nombreux praticiens se sentent d'abord mal à l'aise, sur les nerfs, impuissants, déconcertés ou déficients. La bonne nouvelle est que l'ACT vous donne le moyen de gérer avec succès ces sentiments parfaitement normaux. Et plus vous pratiquerez l'ACT sur vous-même pour améliorer votre propre vie et déterminer vos problèmes douloureux, plus vous réussirez à l'appliquer avec vos clients. Ainsi, assez de prélude : nous devrions commencer !

THÉRAPIE D'ACCEPTATION ET D'ENGAGEMENT (ACT)

L'ACT est l'un des traitements psychologiques et comportementaux de la "troisième vague". Il consolide les procédures de reconnaissance et de soins à côté des systèmes de changement, en reconnaissant que le changement n'est pas toujours concevable ou attrayant.

L'ACT est hypothétiquement obtenu à partir de la théorie du cadre relationnel (RFT), qui est un enregistrement de conduite systématique des propriétés fonctionnelles du langage humain.

L'approche ACT suggère que les douleurs et les ruptures émergent des efforts déployés pour contrôler ou éliminer les rencontres difficiles.

Les efforts pour les contrôler ou maintenir une distance stratégique avec elles peuvent provoquer l'impact confus de douleurs plus importantes et une impression de perte de contrôle de la concentration pour l'élimination.

L'objectif de l'ACT est d'accroître l'adaptabilité mentale, qui se caractérise par le fait de "prendre contact avec la minute présente en tant qu'individu conscient et, en fonction des circonstances, de modifier ou de maintenir sa conduite dans l'administration des valeurs choisies".

PROCESSUS DE LA THÉRAPIE D'ACCEPTATION ET D'ENGAGEMENT (ACT)

L'objectif général de l'ACT est d'accroître la flexibilité psychologique, c'est-à-dire la capacité d'entrer en contact avec la minute présente de manière plus complète en tant que personne consciente et de changer ou de persévérer dans sa conduite tout en servant des objectifs estimés. La flexibilité psychologique est mise en place par le biais de six formes centrales de l'ACT. Chacune de ces zones est conceptualisée comme une attitude psychologique positive, et pas seulement comme une stratégie pour éviter la psychopathologie.

Acceptation

L'acceptation est éduquée comme une option par opposition à l'évasion expérientielle. L'acceptation comprend la saisie active et consciente de ces occasions privées occasionnées par l'histoire d'une personne, sans efforts superflus pour en modifier la récurrence ou la structure, en particulier lorsque cela entraînerait des dommages psychologiques. Par exemple, les patients souffrant de tension sont éduqués à ressentir la nervosité comme un penchant, complètement et sans protection ; les patients souffrant de douleurs reçoivent des stratégies qui les incitent à renoncer à une bataille contre les douleurs, etc. L'acceptation (et la défusion) dans l'ACT n'est pas une fin en soi.

Ou peut-être que l'acceptation est encouragée comme une stratégie pour développer l'action basée sur l'estime de soi.

Défusion cognitive

Les stratégies de défusion cognitive s'efforcent de modifier les éléments malheureux des contemplations et autres occasions privées, plutôt que de tenter d'en ajuster la structure, la récurrence ou l'affectabilité situationnelle. En d'autres termes, l'ACT s'efforce de modifier la façon dont on interagit ou s'identifie avec les contemplations en créant des cadres dans lesquels leurs capacités inutiles sont réduites. Il existe de nombreuses stratégies de ce type qui ont été élaborées pour un large éventail d'introductions cliniques. Par exemple, une idée négative peut être observée de manière impartiale, rabâchée pour que tout le monde l'entende jusqu'à ce que son son reste, ou traitée comme une occasion observée à distance en lui donnant une forme, une taille, une teinte, une vitesse ou une structure. Un individu pourrait remercier son cerveau pour cette idée intrigante, nommer le chemin vers l'intuition ("J'ai l'idée que je ne suis rien qui vaille la peine d'être mentionné"), ou regarder les contemplations, les sentiments et les souvenirs enregistrés qui se produisent pendant qu'il vit cette idée. Ces stratégies s'efforcent d'atténuer la nature précise de l'idée, en affaiblissant la tendance à considérer l'idée comme ce à quoi elle fait allusion ("Je ne suis rien qui vaille la peine d'être mentionné") plutôt que comme ce qu'elle est légitimement vécue (par exemple, l'idée "Je suis un tas de rien"). La conséquence de la défusion est généralement une diminution de l'inauthenticité ou du lien avec les occasions privées, par opposition à un changement rapide de leur récurrence.

Être présent

Elle favorise un contact continu et non critique avec les occasions psychologiques et naturelles au moment où elles se produisent. L'objectif est de faire en sorte que les clients fassent une expérience du monde d'autant plus légitime, de sorte que leur conduite soit progressivement adaptable, et de cette façon, leurs actions de plus en plus prévisibles avec les qualités qu'ils détiennent. Cet objectif est atteint en permettant à l'utilité d'exercer une plus grande autorité sur la conduite et en utilisant le langage comme un outil permettant de noter et de décrire des situations, et pas seulement de les prévoir et de les juger. Un sentiment de soi, appelé "soi en tant que procédure", est activement stimulé : la description progressive désamorcée et non critique de considérations, de sentiments et d'autres occasions privées.

Contexte personnel

C'est une conséquence des cadres relationnels, par exemple, Je versus Tu, Maintenant versus Alors, et Ici versus Là, le langage humain suscite un sentiment de soi en tant que locus ou point de vue, et donne un côté extraordinaire et profond aux personnes verbales ordinaires. Cette idée a été l'une des semences à partir desquelles l'ACT et la RFT se sont développées, et il existe actuellement de plus en plus de preuves de son importance pour les capacités du langage, par exemple, la sympathie, la théorie du cerveau, le sentiment de soi, etc. En un mot, la pensée est que le "je" se développe sur d'énormes arrangements de modèles de relations de prise de vue, cependant, puisque ce sentiment de soi est un contexte pour la connaissance verbale, et non la substance de cette connaissance, ses points de coupure ne peuvent pas être délibérément connus. Le soi en tant que contexte est significatif dans une certaine mesure parce que, de ce point de vue, on peut comprendre la progression de ses rencontres sans y être relié ou sans s'intéresser aux rencontres spécifiques qui se produisent : de cette manière, la défusion et l'acceptation sont cultivées. Le soi comme contexte est encouragé dans l'ACT par des activités de soins, des analogies et des procédures expérimentales.

Qualités ou valeurs

Les qualités ou les valeurs sont des caractéristiques sélectionnées de l'action intentionnelle qui ne peut jamais être considérée comme un objet ; cependant, elle peut être lancée minute par minute. L'ACT utilise un assortiment d'activités pour permettre à un client de choisir des repères de vie dans différents espaces (par exemple la famille, la vocation, l'altérité) tout en sapant les procédures verbales qui peuvent inciter à des décisions dépendantes de l'évasion, de la cohérence sociale ou de la combinaison (par exemple "Je devrais valoriser X" ou "Un grand individu valoriserait Y" ou "Ma mère a besoin que je valorise Z"). Dans l'ACT, l'acceptation, la défusion, la disponibilité, etc. ne sont pas des fins en soi ; au contraire, elles font place à une vie de plus en plus fondamentale, valorisante et fiable.

Action engagée

Enfin, l'ACT stimule l'amélioration d'exemples plus importants et plus significatifs d'actions viables liées aux estimes choisies. Pour l'instant, cela ressemble surtout à un traitement conventionnel de la conduite, et pratiquement n'importe quelle stratégie de changement de conduite typiquement connue peut être intégrée dans une convention ACT, y compris l'introduction, l'obtention de capacités, les stratégies de formation, la fixation d'objectifs, etc. Contrairement aux valeurs, qui sont continuellement lancées, mais jamais accomplies en tant qu'article, les objectifs solides que les valeurs prédisent peuvent être atteints, et les conventions ACT incluent très souvent un travail de traitement et un travail scolaire liés aux objectifs de changement de conduite à court, moyen et long terme. Les efforts de changement de comportement mènent donc à un contact avec les obstructions psychologiques qui sont traitées par d'autres formes d'ACT (acceptation, défusion, etc.).

COMMENT FONCTIONNE L'ACT

L'être humain est la principale créature prête à établir des connexions (relations) entre les mots et les pensées. Par exemple, nous pouvons associer des pommes et des oranges à l'idée générale de produits naturels. Bien que cela soit incroyablement utile pour préparer notre environnement général, cela peut poser des problèmes lorsque nous associons des pensées inoffensives à un exemple négatif. Au bout d'un certain temps, les individus peuvent commencer à associer à eux-mêmes des idées telles que la déception ou l'inutilité, ce qui les expose à des résultats progressivement négatifs par la suite.

L'ACT fonctionne en apprenant aux patients à reconnaître ces points de vue et à aller de l'avant, au lieu de les laisser s'imprégner. Si les considérations pessimistes peuvent être des réactions raisonnables et appropriées à des circonstances spécifiques, elles ne caractérisent pas l'individu en tant que tel et ne devraient pas l'empêcher de poursuivre sa vie.

Lorsque vous consulterez un spécialiste pour l'ACT, vous commencerez par apprendre à vous concentrer sur la façon dont vous vous parlez à vous-même, ce que l'on appelle le monologue intérieur. Le principal centre d'intérêt sera le discours que vous tenez à propos de vos mésaventures et d'autres aspects néfastes de votre vie, comme les relations indésirables, les problèmes physiques, etc. Votre spécialiste vous aidera alors à décider si ces perspectives sont des choses que vous pouvez changer, comme quitter une relation compliquée, ou si vous devez les reconnaître comme elles sont, comme une incapacité physique. Si vous pouvez changer les circonstances, votre spécialiste vous aidera à créer des techniques pour effectuer les changements essentiels tout au long de votre vie, en fonction de vos objectifs et de vos qualités. S'il s'agit d'un problème que vous ne pouvez pas transformer, vous pouvez commencer à apprendre des techniques sociales pour contourner vos difficultés, afin qu'elles n'aient pas un impact aussi négatif sur votre vie.

Une fois que vous aurez compris les problèmes actuels les plus importants de votre vie, vous pourrez, avec votre spécialiste, commencer à évaluer tous les exemples qui se sont développés depuis un certain temps. Ainsi, vous pourrez éviter de reproduire des schémas négatifs par la suite. Au lieu de vous battre avec vos sentiments, vous pouvez apprendre à les reconnaître pour ce qu'ils sont et trouver comment fonctionner avec ou autour d'eux pour mener la vie satisfaisante dont vous avez besoin.

BÉNÉFICE DE L'ACTE

L'avantage essentiel de l'ACT est qu'il peut aider les patients à combattre les encombrements mentaux tels que la tension et la mélancolie sans recourir à des médicaments. Elle apprend aux patients à changer la façon dont ils s'identifient à leurs pensées et sentiments négatifs, afin que ces considérations ne dominent pas. Bien que les patients ne soient pas en mesure de se débarrasser immédiatement de chaque médicament, ils peuvent avoir la possibilité de diminuer leur dose au bout d'un certain temps, pour finalement se passer de leur ordonnance. L'urgence des narcotiques étant une question si intrigante dans les domaines clinique et psychologique, il est prometteur d'avoir des choix de traitement convaincants qui ne nécessitent pas de médicaments.

À son niveau le plus essentiel, l'ACT incite les patients à reconnaître les choses qu'ils ne peuvent pas contrôler et à se concentrer sur des réflexions et des actions différentes destinées à améliorer leur vie. Au lieu de s'en vouloir d'avoir des considérations ou des sentiments négatifs, les patients découvrent que les sentiments négatifs sont extrêmement courants. Lorsqu'ils peuvent reconnaître les éléments négatifs de leur conscience, les patients sont d'autant plus autorisés à commencer à s'en éloigner et à s'orienter vers un parcours progressivement positif. L'objectif de l'ACT est d'accroître la flexibilité psychologique. Les praticiens aident les patients à devenir de plus en plus conscients de la manière dont ils pensent et se sentent grâce à des activités et des techniques de soins. Ils s'attachent en outre à modifier durablement leur comportement en se concentrant sur de nouvelles actions et des conceptions réfléchies. Les patients apprennent à reconnaître leurs pensées telles qu'elles sont et à les évaluer pour décider si elles servent leurs objectifs de vie. Si les pensées ne les aident pas, les patients peuvent s'efforcer d'intégrer de nouvelles considérations et actions progressivement positives.

La thérapie d'acceptation et d'engagement (ACT) est un type particulier de thérapie qui incite les patients à appréhender leurs pensées et sentiments négatifs plutôt que d'essayer de les éviter ou de s'en débarrasser. Des spécialistes chevronnés utilisent cette stratégie pour traiter un large éventail d'affections, et elle s'est révélée étonnamment efficace pour certaines personnes.

LA PLEINE CONSCIENCE ET L'ACTION

La pleine conscience est décrite comme le fait de rester en contact avec la minute présente plutôt que de se laisser aller à un pilotage programmé. La pleine conscience permet à une personne d'entrer en contact avec le moi observateur, la partie qu'elle connaît, mais qui est distincte du moi raisonneur. Les méthodes de la pleine conscience aident souvent les individus à élargir leur attention à chacune des cinq facultés ainsi qu'à leurs contemplations et à leurs sentiments.

De même, la pleine conscience renforce la capacité d'une personne à se retirer de la contemplation. Les mouvements identifiés à des émotions, des désirs ou des circonstances douloureuses sont souvent d'abord diminués et ensuite, à long terme, reconnus. L'acceptation est la capacité de permettre à l'expérience intérieure et extérieure de se produire plutôt que de lutter ou de maintenir une distance stratégique par rapport à l'expérience. Si quelqu'un croit que "je suis un individu horrible", on peut lui demander de dire plutôt : "j'ai l'idée que je suis un individu horrible". Cela isole adéquatement l'individu de la perception, la dépouillant ainsi de sa charge négative.

Lorsqu'une personne éprouve des sentiments atroces, par exemple de la tension, on peut lui dire de s'ouvrir, de respirer ou de faire de l'espace pour le sentiment physique de malaise et de lui permettre d'y rester ; de la même manière, tout bien considéré, sans l'alimenter ou le limiter.

THÉORIE DE L'ACTE

La théorie ACT ne caractérise pas les rencontres maladroites et enthousiastes comme des indications ou des problèmes. Elle tente plutôt de s'attaquer à la propension de certains à considérer les personnes qui recherchent une thérapie comme étant lésées ou imparfaites, et vise à aider les individus à comprendre la totalité et le caractère essentiel de la vie. Cette totalité englobe un large éventail d'expériences humaines, y compris l'agonie qui accompagne inévitablement des circonstances spécifiques.

L'acceptation des étonnements, sans les évaluer ni chercher à les transformer, est une expertise créée par des pratiques de pleine conscience tout au long de la rencontre. L'ACT ne tente pas de changer ou d'arrêter légitimement les pensées ou les sentiments indésirables (comme le fait la thérapie cognitive de la conduite) mais incite les individus à établir une autre relation d'amour avec ces rencontres. Cette démarche peut libérer les individus des problèmes liés au contrôle de leurs rencontres et les aider à s'ouvrir de plus en plus à des actions conformes à leurs qualités, à l'explication des valeurs et à la signification des objectifs fondés sur les qualités, qui sont également des éléments clés de l'ACT.

OBJECTIF DE LA LOI

L'ACT vise à faire une vie riche et significative tout en tolérant les douleurs qui l'accompagnent inévitablement. Le terme "ACT" est une troncature convenable, car cette thérapie est liée à la réalisation d'un mouvement irrésistible guidé par nos qualités les plus profondes et dans lequel nous sommes complètement présents et enfermés. C'est en agissant avec soin que nous pouvons donner de la valeur à notre vie. Lorsque nous nous efforçons de mener une telle existence, nous faisons l'expérience d'un large éventail de limites, comme des "rencontres privées" horribles et indésirables (pensées, images, sentiments, sensations, pulsions et souvenirs). L'ACT considère les aptitudes à la pleine conscience comme une méthode efficace pour faire face à ces rencontres privées.

CHAPITRE DEUX

DEPRESSION

La dépression est une maladie courante dans le monde, qui touche plus de 264 millions de personnes. La dépression est unique en ce qu'elle concerne les variations normales de l'état d'esprit et les réactions passionnelles passagères aux défis de la vie quotidienne. En particulier lorsqu'elle est dépendante et d'une force modérée ou extrême, la dépression peut se transformer en une bonne condition de bien-être. Elle peut rendre l'individu influencé incroyablement endurant et inefficace au travail, à l'école et dans la famille. D'un point de vue pessimiste, la dépression peut inciter au suicide. Près de 800 000 personnes se suicident chaque année. Le suicide est la première cause de décès chez les 15-29 ans. Bien qu'il existe des médicaments connus et efficaces pour traiter les troubles mentaux, entre 76 % et 85 % des personnes vivant dans des pays à faibles et moyens revenus ne reçoivent aucun traitement pour leur trouble. Les obstacles à une prise en compte viable comprennent l'absence de ressources, l'absence de fournisseurs de services médicaux préparés et la disgrâce sociale liée aux problèmes mentaux. Un autre obstacle à une prise en compte viable est l'évaluation non fondée. Dans tous les pays, quel que soit le niveau de salaire, les personnes découragées ne sont régulièrement pas analysées de manière efficace, et d'autres personnes qui ne souffrent pas de ces troubles sont encore et toujours mal diagnostiquées et se voient prescrire des antidépresseurs. Le poids de la dépression et des autres troubles du bien-être psychologique est en augmentation, tout compris.

LES CAUSES DE LA DÉPRESSION

Divers éléments peuvent accroître la possibilité de faire du deuil, notamment les éléments suivants :

Abus.

Les mauvais traitements physiques, sexuels ou psychologiques subis dans le passé peuvent étendre le sentiment d'impuissance à la douleur clinique, un jour ou l'autre.

Certains médicaments.

Quelques médicaments, par exemple l'isotrétinoïne (utilisée pour traiter l'inflammation de la peau), l'interféron alpha, un médicament antiviral, et les corticostéroïdes, peuvent accroître votre risque de souffrir.

Conflit.

Le découragement chez quelqu'un qui a l'impuissance organique de créer du chagrin peut résulter de conflits individuels ou de questions avec des parents ou des compagnons.

La mort ou un malheur.

Le trouble ou la mélancolie résultant du décès ou de la perte d'un ami ou d'un membre de la famille, cependant caractéristique, peut accroître le danger de misère.

Génétique.

Une ascendance familiale de chagrin peut être dangereuse. L'idée est que la tristesse est une caractéristique perplexe, ce qui implique qu'il existe probablement un large éventail de qualités qui ont chacune de petits impacts au lieu d'une qualité solitaire qui ajoute au risque de maladie. Les conditions héréditaires de la misère, comme la plupart des problèmes mentaux, ne sont pas aussi nécessaires ou directes que dans les maladies absolument génétiques, par exemple la chorée de Huntington ou la mucoviscidose.

Occasions majeures.

En effet, même les grandes occasions, par exemple l'entrée dans un nouveau poste, l'obtention d'un diplôme ou le mariage, peuvent provoquer de la tristesse. Il en va de même pour un déménagement, la perte d'une vocation ou d'un salaire, une séparation ou une démission. Quoi qu'il en soit, le trouble de la tristesse clinique n'est jamais qu'une réaction "ordinaire" à des événements pénibles de la vie.

Autres questions individuelles.

Des problèmes, par exemple la déconnexion sociale due à d'autres inadaptations psychologiques ou le fait d'être mis à l'écart d'une famille ou d'une réunion sociale, peuvent ajouter au danger de créer une tristesse clinique.

Maladies graves.

De temps à autre, la tristesse est associée à une maladie grave ou peut être déclenchée par un autre problème de santé.

L'abus de substances.

Près de 30 % des personnes souffrant de problèmes de toxicomanie présentent également un abattement important ou clinique. Peu importe que les médicaments ou l'alcool vous fassent incidemment vous sentir mieux, ils finissent par perturber le découragement.

Des antécédents familiaux.

Le risque de créer des malheurs est plus élevé si vous avez des antécédents familiaux de dépression ou d'autres problèmes de santé.

Traumatisme chez les jeunes.

Quelques occasions influencent la façon dont votre corps réagit à la peur et aux circonstances bouleversantes.

Structure du cerveau.

Le risque de tristesse est plus élevé si la projection frontale du cerveau est moins dynamique. Quoi qu'il en soit, les chercheurs n'ont pas la moindre idée si cela se produit avant ou après le début des signes d'accablement.

Conditions médicales.

Certaines affections peuvent vous exposer à un risque plus élevé, par exemple une maladie interminable, un trouble du sommeil, des douleurs constantes ou un trouble déficitaire de l'attention avec hyperactivité (TDAH).

NIVEAUX DE DÉPRESSION

Dépression majeure (dépression clinique)

La problématique lourde, autrement appelée dépression unipolaire ou clinique, est décrite par un sentiment tenace de trouble ou une absence d'enthousiasme pour les mises à niveau extérieures. Vous pouvez souffrir de ce type de dépression si vous présentez au moins cinq des effets secondaires qui l'accompagnent la plupart des jours pendant environ quatorze jours ou plus. En tout cas, l'un des effets secondaires doit être un état d'esprit découragé ou une perte d'enthousiasme pour les exercices.

- Perte d'intérêt pour vos activités
- Sentiments de dévalorisation ou de culpabilité
- Pensée négative avec incapacité à voir des solutions positives
- Sensation d'agitation
- Incapacité à se concentrer
- S'en prendre à ses proches
- Irritabilité
- S'éloigner de ses proches
- Augmentation du temps de sommeil
- Épuisement et léthargie
- Pensées morbides et suicidaires
- Perte ou gain de poids

Qu'est-ce qu'une scène ou un épisode dépressif majeur ?

Une scène dépressive majeure est une période d'environ quatorze jours ou plus au cours de laquelle un individu rencontre les effets secondaires de la dépression majeure, par exemple, la tristesse, la perte de plaisir, la faiblesse et les contemplations autodestructrices. Plus précisément, l'individu doit faire l'expérience d'un état d'esprit faible et d'une perte d'enthousiasme pour les exercices.

Peut-on guérir un problème de dépression majeure ?

La dépression majeure est une affection qui peut se manifester de façon rythmique tout au long de la vie d'un individu. Le problème de la dépression majeure n'est pas considéré comme "guérissable", mais avec un traitement correct, les effets secondaires de la dépression peuvent être surveillés et atténués après un certain temps.

Quel est le meilleur traitement pour le problème de la dépression majeure ?

Un assortiment de choix de traitement est accessible pour un problème dépressif majeur, y compris la psychothérapie, les médicaments énergisants, le traitement de la conduite psychologique, le traitement électroconvulsif (ECT) et les médicaments ordinaires. Le plan de traitement varie d'une personne à l'autre en fonction de ses besoins particuliers ; cependant, le "meilleur" traitement de la dépression majeure est généralement considéré comme un mélange de médicaments et de thérapie.

Dysthymie (trouble dépressif persistant)

La dysthymie, autrement appelée trouble dépressif persistant, est un type de dépression à long terme qui dure très longtemps et qui peut perturber la vie quotidienne, le travail et les relations. Les personnes atteintes de dysthymie pensent souvent qu'il est difficile d'être joyeux, même lors d'événements généralement heureux. Elles peuvent être considérées comme moroses, négatives ou pleurnichardes alors qu'en règle générale, elles gèrent un mal-être psychologique incessant. Les effets secondaires de la dysthymie peuvent aller et venir après un certain temps, et la force des effets secondaires peut changer, mais les effets secondaires, pour la plupart, ne disparaissent pas pendant plus de deux mois les uns après les autres.

En quoi la dysthymie est-elle unique par rapport à la dépression majeure ?

L'état dépressif qui caractérise la dysthymie n'est pas aussi dangereux que le trouble dépressif majeur, mais il suscite des sentiments de trouble, de misère et de perte de plaisir. Alors que les effets secondaires de la dépression doivent être présents pendant au moins deux semaines pour que l'on puisse déterminer qu'il s'agit d'un trouble dépressif majeur, la détermination de la dysthymie nécessite d'avoir rencontré un mélange d'effets secondaires dépressifs pendant une longue période ou plus.

Qu'implique la dépression "avancée" ?

Le terme de dépression avancée est fréquemment utilisé pour désigner la dysthymie, ou trouble dépressif persistant, car en raison de l'idée interminable de ce type de dépression, de nombreuses personnes atteintes de ce trouble continuent à faire un effort insincère de la vie de manière automatisée, apparemment bien pour tout le monde autour d'elles.

Qu'est-ce que la dépression double ?

La dépression double est une complexité de la dysthymie. Au bout d'un certain temps, la majeure partie des personnes atteintes de dysthymie subissent des effets secondaires exacerbés qui conduisent à l'apparition d'un trouble complet de dépression majeure en plus de leur trouble dysthymique, entraînant ce que l'on appelle la double dépression.

Maniaco-dépression (trouble bipolaire)

Le trouble bipolaire, parfois appelé maniaco-dépression, est un état de bien-être psychologique qui entraîne des variations extrêmes de l'état d'esprit et des changements dans la vitalité, la pensée, le comportement et le repos. Avec la maniaco-dépression, vous ne vous sentez pas simplement "triste" ; votre état dépressif peut susciter des considérations autodestructrices qui se transforment en sentiments de bonheur et de vitalité perpétuelle. Ces épisodes émotionnels extraordinaires peuvent se produire de manière constante, par exemple, ou apparaître de manière sporadique, peut-être seulement deux fois par an. Les stabilisateurs de l'état mental, par exemple le lithium, peuvent être utilisés pour contrôler les épisodes émotionnels qui accompagnent le trouble bipolaire, mais on recommande également aux personnes concernées une large gamme de médicaments, notamment des antidépresseurs et des antipsychotiques atypiques.

Les troubles bipolaires sont-ils héréditaires ?

Bien que les chercheurs n'aient pas identifié un seul facteur principal, il apparaît que les qualités héréditaires vont probablement représenter environ 60 à 80 % du risque de créer un trouble bipolaire, ce qui démontre le rôle clé que joue actuellement l'hérédité. Le risque de développer un trouble bipolaire augmente essentiellement si un parent au premier degré est atteint de ce trouble.

Les troubles bipolaires peuvent-ils être guéris ?

Il n'existe actuellement aucun remède contre les troubles bipolaires, mais il est tout à fait possible de les surveiller efficacement grâce à un plan de traitement associant médicaments et psychothérapie.

Quelle est la différence entre le trouble bipolaire 1 et le trouble bipolaire 2 ?

Bien que le trouble bipolaire comprenne des hauts et des bas extraordinaires, la distinction fondamentale entre le trouble bipolaire 1 et le trouble bipolaire 2 est la gravité des indications maniaques. Dans le cas du trouble bipolaire 1, la folie, ou tempérament élevé, est généralement plus grave que dans le cas du trouble bipolaire 2. Dans le cas de la bipolarité 2, l'individu est confronté à l'hypomanie, un type de folie moins grave qui entraîne des pratiques atypiques pour l'individu, mais qui ne sont pas irrégulières pour la société en général.

Dépression du post-partum (dépression du péripartum)

Les sentiments tragiques et les séances de larmes qui suivent l'accouchement sont connus sous le nom d'"anxiété postnatale". La dépression postnatale est normale et diminue, en général, dans les 14 jours qui suivent. Ce genre de malheur est régulièrement attribué aux changements émotionnels et hormonaux qui suivent le travail. Environ une femme sur sept rencontrera quelque chose de plus extraordinaire que l'anxiété postnatale habituelle. En tout état de cause, les femmes qui conçoivent un enfant et luttent contre l'amertume, la tension ou le stress pendant un demi-mois ou plus peuvent souffrir de dépression post-partum (DPP). Les signes et les effets secondaires de la DPP sont les suivants :

- Se sentir déprimé ou découragé pendant une grande partie de la journée pendant un demi-mois ou plus.
- Se sentir loin et éloigné de ses proches
- Une perte d'enthousiasme pour les exercices (y compris le sexe)
- Changements dans les propensions à manger et à dormir
- Sensation de fatigue une grande partie de la journée
- Se sentir furieux ou hargneux

- Avoir des sentiments de tension, de stress, des crises d'alarme ou des idées noires.

La dépression post-partum peut-elle commencer très longtemps après la conception d'un enfant ?

La dépression du post-partum ne commence pas rapidement après l'arrivée d'un enfant. Les signes de la dépression post-partum peuvent apparaître dans les premières semaines à peine après l'accouchement ; cependant, dans certains cas, les effets secondaires de la DPP ne se manifestent que plusieurs mois après la naissance et peuvent se développer n'importe quand pendant la première année de l'enfant.

Pourquoi la dépression post-partum survient-elle ?

Bien que la raison spécifique de la dépression post-partum reste obscure, on pense qu'elle est la conséquence d'un assortiment d'éléments, notamment les changements physiques qui surviennent à cause de la grossesse, la tension liée à la parentalité, les changements hormonaux, les problèmes de bien-être psychologique antérieurs, l'absence d'aide, une grossesse ou un transport confus et, en outre, des changements dans le cycle de repos.

La dépression post-partum peut-elle aller et venir ?

Les femmes qui ont souffert d'une dépression post-partum (DPP) courent toujours le risque d'être confrontées à de futures manifestations de leur tempérament à partir de l'expérience primaire de la dépression, peut-être parce que le "commutateur" de ces manifestations est actuellement activé après la DPP, et parce que la pression de la parentalité ne s'arrête pas et peut même s'exacerber en fonction des facteurs de stress mental qui sont continus", explique Jean Kim, M. D. "Si la femme prend des médicaments pour traiter les signes dépressifs, ceux-ci peuvent perdre leur efficacité pour des raisons inconnues au bout d'un certain temps.D. "Si la femme prend des médicaments pour traiter les signes dépressifs, ceux-ci peuvent perdre leur efficacité pour des raisons inconnues pendant un certain temps, il ne serait donc pas incompréhensible qu'une rechute se produise un certain temps après la scène de DPP sous-jacente."

Trouble affectif saisonnier (TAS)

Le trouble affectif saisonnier (TAS) est une forme de dépression liée à la différence de saison. Les personnes qui subissent les effets néfastes du TAS notifient des signes qui commencent et se terminent à peu près à la même période chaque année. Pour certains, les symptômes commencent à l'automne et se poursuivent pendant les mois d'hiver ; cependant, il est possible que le TAS se manifeste au printemps ou en été. Dans un cas comme dans l'autre, les signes de dépression, par exemple la tristesse, l'épuisement et la perte d'intrigue ou de joie dans les exercices, commencent doucement et deviennent de plus en plus dangereux au fil des semaines. Les personnes qui souffrent de dépression saisonnière en hiver ont également remarqué les effets secondaires uniques qui l'accompagnent :

- Lourdeur dans les bras et les jambes
- Fréquentes grasses matinées
- Appétit pour les féculents/prise de poids
- Problèmes relationnels

Comment traite-t-on le trouble affectif saisonnier (TAS) ?

Les plans de traitement du trouble affectif saisonnier (TAS) peuvent intégrer des médicaments, une psychothérapie, un traitement par la lumière ou un mélange de ces solutions pour traiter les signes de dépression. Le traitement par la parole peut être un choix inestimable pour les personnes souffrant de TAS. Un psychothérapeute peut vous aider à reconnaître les schémas de raisonnement et de conduite contraires qui font basculer la dépression, à apprendre des méthodes positives pour s'adapter aux signes et à établir des stratégies de relaxation qui peuvent vous aider à rétablir la vitalité perdue.

Le trouble affectif saisonnier peut-il survenir à la fin du printemps ?

Les troubles affectifs saisonniers (TAS) de la fin du printemps sont plus fréquents que vous ne le pensez. Environ 10 % des personnes souffrant de TAS commencent à voir les signes de la dépression à la fin du printemps.

Pourquoi le trouble affectif saisonnier se produit-il ?

La raison spécifique du trouble affectif saisonnier (TAS) est encore floue ; cependant, les spécialistes ont formulé un assortiment de théories identifiées à la raison du trouble et à la raison pour laquelle certains éprouvent des effets secondaires plus extrêmes que d'autres. Il a été recommandé que les impacts de la lumière, une horloge biologique déréglée, de faibles niveaux de sérotonine, des niveaux élevés de mélatonine, des événements marquants de la vie et même des troubles physiques sont associés au début de la dépression saisonnière.

Dépression psychotique

Comme l'indique la National Alliance on Mental Illness, environ 20 % des personnes atteintes de dépression présentent des scènes si graves qu'elles créent des effets secondaires psychotiques. Les personnes qui présentent un mélange de signes de dépression et de psychose peuvent être considérées comme souffrant d'un trouble dépressif majeur accompagné d'effets psychotiques : un état psychologique caractérisé par un raisonnement ou un comportement dispersé, des déceptions, connues sous le nom de rêves éveillés, ou des images ou des sons factices, connus sous le nom de "vols de l'esprit".

Quels sont les signes précurseurs d'une psychose ?

La psychose précoce fait référence à la période où un individu commence à avoir l'impression de perdre le contact avec le monde réel. Les premiers indices de la psychose comprennent le doute à l'égard des autres, le retrait social, des sentiments graves et inconvenants, une difficulté à penser clairement, une diminution de la propreté à proximité de la maison et une baisse de l'exécution des tâches professionnelles ou scolaires.

Comment analyser la dépression psychotique ?

Pour que l'on puisse déterminer qu'il s'agit d'un trouble dépressif majeur avec troubles psychotiques, la personne doit présenter un état dépressif qui dure deux semaines ou plus et faire des rêves et des visualisations. Il existe deux types distincts de trouble dépressif majeur avec troubles psychotiques, dont les rêves et les voyages mentaux. Les individus présentent un trouble dépressif majeur avec des points forts psychotiques compatibles avec l'état d'esprit (le contenu des fantasmes et des rêveries est prévisible avec des sujets dépressifs) ou avec des points forts psychotiques incompatibles avec l'état d'esprit (le contenu des rêveries et des rêves n'inclut pas de sujets dépressifs).

La dépression psychotique peut-elle se transformer en schizophrénie ?

La dépression est un trouble de l'état d'esprit et la schizophrénie est une affection psychotique. Bien que la dépression psychotique et la schizophrénie aient en commun la psychose comme effet secondaire, rien ne permet de penser que la dépression psychotique se transforme en schizophrénie. Par ailleurs, les personnes atteintes de schizophrénie peuvent se décourager lorsqu'elles comprennent la disgrâce qui entoure leur maladie, les mauvaises prévisions et la perte de capacité.

Trouble dysphorique prémenstruel (TDPM)

Le trouble dysphorique prémenstruel, ou TDPM, est un trouble cyclique d'origine hormonale, régulièrement considéré comme une forme extrême et débilitante du syndrome prémenstruel (SPM). Alors que 85 % des femmes souffrent du syndrome prémenstruel, seulement 5 % d'entre elles sont atteintes du trouble dysphorique prémenstruel, comme l'indique une étude publiée dans l'American Journal of Psychiatry. Si les principales indications du trouble dysphorique prémenstruel sont le découragement et la nervosité, des signes comportementaux et physiques peuvent également apparaître. Pour que l'on puisse déterminer qu'une femme souffre de TDPM, il est plus que probable qu'elle ait ressenti des symptômes pendant la majeure partie des cycles menstruels de l'année précédente et que ces effets secondaires aient probablement eu un impact négatif sur son travail ou sa vie sociale.

Quelle est la différence entre le trouble dysphorique prémenstruel et le syndrome prémenstruel ?

Le trouble dysphorique prémenstruel (TDPM) est une affection plus authentique que le syndrome prémenstruel (SPM). Les indications présentes dans le SPM n'interfèrent pas avec les capacités ordinaires et sont moins extrêmes dans leur force. Bien qu'il soit typique pour les femmes de rencontrer des changements de tempérament dans les jours précédant les règles, les effets secondaires mentaux de dépression sévère, de tension et de pensées autodestructrices ne se produisent pas avec le SPM.

Quel est le meilleur médicament pour le TDPM ?

Pour les effets secondaires du trouble dysphorique prémenstruel associés à l'état d'esprit et au mal-être, une série d'antidépresseurs appelés inhibiteurs spécifiques de la recapture de la sérotonine (ISRS) peuvent être recommandés. La sertraline, la fluoxétine et le chlorhydrate de paroxétine ont tous été reconnus par la FDA comme des médicaments pouvant être recommandés pour soulager les douleurs.

Combien de temps durent les effets secondaires du TDPM ?

Les indications du trouble dysphorique prémenstruel (TDPM) se manifestent généralement chaque mois avant et pendant le cycle féminin. Les effets secondaires commencent généralement 7 à 10 jours avant le cycle féminin et diminuent en puissance quelques jours après le début des règles. Les effets secondaires disparaissent totalement jusqu'à la phase prémenstruelle suivante.

Dépression atypique

Indépendamment de son nom, la dépression atypique peut en effet être l'une des formes les plus visibles de dépression. La dépression atypique n'est pas tout à fait la même que l'amertume ou la tristesse constante qui décrit la dépression majeure. Elle est considérée comme un "spécificateur" ou un sous-type de la dépression majeure qui décrit un exemple des effets secondaires de la dépression, notamment la grasse matinée, la goinfrerie, la maussaderie, le poids dans les bras et les jambes, l'affectabilité au licenciement et les problèmes relationnels. L'un des premiers signes de la dépression atypique est la capacité de l'état d'esprit de la personne découragée à s'améliorer après une occasion favorable.

La dépression atypique est-elle authentique ?

De même, la dépression atypique est un état de bien-être psychologique positif et est liée à un risque accru de suicide et de troubles de la tension. La dépression atypique commence régulièrement à l'adolescence, plus tôt que les autres types de dépression, et peut avoir une évolution à plus long terme (constante).

Comment traitez-vous la dépression atypique ?

La dépression atypique réagit bien à un traitement contenant les deux médicaments et une psychothérapie. Les inhibiteurs de la monoamine oxydase (IMAO) et différents antidépresseurs, par exemple les ISRS et les antidépresseurs tricycliques, sont les médicaments les plus largement reconnus et recommandés pour traiter la dépression atypique.

La dépression atypique peut-elle être guérie ?

Il n'existe pas de traitement universel pour "guérir" la dépression atypique ; cependant, il est tout à fait possible de s'en sortir efficacement en combinant médicaments et psychothérapie. La réduction des symptômes est l'objectif de la dépression atypique ; cependant, il faut se rappeler que la dépression présente un risque élevé de réapparition, il est donc essentiel d'être attentif à tout effet secondaire qui réapparaît.

Dépression situationnelle (dépression réactive/trouble de l'adaptation)

La dépression situationnelle, également appelée dépression réactive ou trouble de la modification, est une sorte de dépression liée au stress, survenant au moment présent. Elle peut survenir après qu'une personne ait subi un accident terrible ou une série de changements dans son existence quotidienne. Les occasions ou les changements susceptibles de déclencher une dépression situationnelle sont, entre autres, les suivants : séparation, retraite, perte d'un compagnon, maladie et problèmes relationnels. La dépression situationnelle est en quelque sorte un trouble de la modification, car elle résulte de la lutte d'une personne pour faire face aux changements qui se sont produits. De nombreuses personnes souffrant de dépression situationnelle commencent à présenter des signes dans les 90 jours suivant l'événement déclencheur.

En quoi la dépression situationnelle n'est-elle pas tout à fait la même que la dépression clinique ?

Si vous souffrez de dépression situationnelle, vous rencontrerez un grand nombre de signes similaires à ceux d'une personne souffrant de trouble dépressif majeur. La différence essentielle est que la dépression situationnelle est une réaction momentanée déclenchée par un événement dans la vie d'une personne, et que les symptômes disparaîtront lorsque le facteur de stress n'existera plus, ou que la personne pourra s'adapter à la situation. Pas du tout comme la dépression situationnelle, le trouble dépressif majeur est considéré comme un trouble du tempérament et comporte généralement une nature synthétique gênante dans le cerveau.

Comment la dépression situationnelle est-elle analysée ?

Pour être considéré comme souffrant de dépression situationnelle, un individu doit présenter des effets secondaires mentaux et comportementaux dans les trois mois qui suivent un facteur de stress reconnaissable, qui vont au-delà de ce qui pourrait être considéré comme une réaction normale, et qui s'améliorent dans les six mois qui suivent l'expulsion de l'agresseur.

Qui risque de créer une dépression situationnelle ?

Il est très improbable de prévoir quel individu, parmi un groupe d'individus confrontés à un facteur de stress similaire, va créer une dépression situationnelle. Cependant, il est admis que vos aptitudes sociales avant l'occasion et votre façon de gérer la pression peuvent supposer un travail.

Trouble perturbateur de la régulation de l'humeur (TDRH)

Le DMDD est une détermination véritablement tardive, apparaissant sans précédent dans le Manuel diagnostique et statistique des troubles mentaux (DSM-5) en 2013. Le DSM-5 caractérise le trouble dyslexique du comportement comme un type de trouble lourd, car les enfants qui en sont atteints ont du mal à gérer leurs humeurs et leurs sentiments de manière appropriée. En conséquence, les enfants atteints de DMDD manifestent des sautes d'humeur en cas de mécontentement, que ce soit verbalement ou typiquement. Au milieu de ces changements, ils font l'expérience de fracas incessants et assidus.

En quoi le DMDD n'est-il pas la même chose que le trouble bipolaire ?

Alors que l'élément essentiel du trouble dysphorique dissocié est la sensibilité, le signe du trouble bipolaire est la proximité de scènes hyper ou hypomaniaques. Bien que le trouble dyslexique et le trouble bipolaire puissent tous deux expliquer la sensibilité, les scènes d'hyperactivité se produisent généralement de manière sporadique, alors que dans le cas du trouble dyslexique, l'humeur maussade est sévère et permanente.

Quel est le traitement pour le DMDD ?

Une combinaison de psychothérapie et de stratégies parentales constitue la première étape pour apprendre aux enfants à adapter leurs aptitudes à contrôler leurs humeurs et leurs sentiments et pour montrer aux tuteurs comment gérer les bouleversements. Néanmoins, un médicament peut également être recommandé si ces stratégies seules ne sont pas convaincantes.

Les jeunes peuvent-ils se débarrasser du DMDD ?

Les enfants ne se débarrasseront probablement pas du trouble dyslexique sans apprendre à contrôler leurs humeurs et leurs sentiments de manière adéquate. Si vous pensez que votre enfant est atteint de DMDD, demandez conseil à un spécialiste du bien-être psychologique pour une analyse et un plan de traitement viable.

Vivre avec la dépression peut sembler une tâche décourageante, mais ce n'est pas quelque chose que vous devez affronter seul. Vous pouvez passer notre test de dépression gratuit et classifié, qui vous permettra de commencer à détecter les signes de la dépression.

Il est essentiel de comprendre que la maladie physique accroît également le risque de créer une affection grave et pénible. La dépression peut être provoquée par tout un assortiment d'affections qui ont un impact sur les structures de l'organisme ou par des affections incessantes qui provoquent une agonie continue. Elle est exceptionnellement normale chez les personnes qui ont des maladies, par exemple les suivantes :

- Cancer
- Maladie coronarienne
- Diabète
- Epilepsie
- Sclérose en plaques
- Accident vasculaire cérébral
- La maladie d'Alzheimer
- VIH/SIDA
- Lupus érythémateux systémique

- Douleurs articulaires rhumatoïdes

De plus, la dépression peut être provoquée par des substances et des prescriptions spécifiques. Soyez donc prêt à avoir une conversation transparente avec votre spécialiste du bien-être psychologique sur votre consommation d'alcool et sur tout usage recommandé ou récréatif de médicaments.

Si vous pensez souffrir de l'un de ces différents types de dépression, nous vous encourageons à contacter votre PCP ou un expert en bien-être psychologique pour obtenir la détermination, le traitement et le soutien dont vous avez besoin.

SIGNES ET SYMPTÔMES DE LA DÉPRESSION

La dépression peut être plus qu'un état constant d'amertume ou un sentiment de "bleu".

Une dépression importante peut provoquer un assortiment d'indications. Certains influent sur votre humeur, d'autres sur votre corps. Les effets secondaires peuvent également être progressifs ou aller dans tous les sens.

Les effets secondaires de la dépression peuvent se manifester de manière inattendue chez les hommes, les femmes et les jeunes.

Les hommes peuvent rencontrer des effets secondaires identifiés avec leur :

- L'humeur : par exemple, l'indignation, la force, la susceptibilité, le malaise, l'anxiété.
- Prospérité émotionnelle : par exemple, se sentir vide, misérable et triste.
- Comportement : par exemple, perte d'intrigue, ne plus trouver de plaisir dans les exercices les plus appréciés, se sentir fatigué efficacement, envisager le suicide, boire de façon exorbitante, consommer des drogues, participer à des exercices à haut risque.
- Intrigue sexuelle : par exemple, diminution du désir sexuel, absence d'exécution sexuelle.
- Capacités cognitives : par exemple, incapacité à se concentrer, difficulté à terminer les courses, réactions différées pendant les discussions.
- Conceptions du sommeil : par exemple, un trouble du sommeil, un repos anxieux, une fatigue excessive, ne pas rester endormi toute la soirée
- prospérité physique : par exemple, épuisement, douleurs, migraine, problèmes d'estomac.

Les femmes peuvent rencontrer des effets secondaires identifiés avec leur :

- l'humeur : par exemple, le cafard
- prospérité émotionnelle : par exemple, se sentir tragique ou vide, à bout de nerfs ou triste
- Comportement : par exemple, perte d'enthousiasme pour les exercices, retrait de l'engagement social, rêveries.
- les capacités cognitives : par exemple, penser ou parler d'autant plus progressivement
- les troubles du sommeil : par exemple, difficulté à rester endormi toute la soirée, réveil précoce, somnolence excessive
- la prospérité physique : par exemple, une diminution de la vitalité, une lassitude plus marquée, des changements dans la faim, des changements de poids, des blessures, des douleurs, des migraines, des problèmes élargis

Les jeunes peuvent rencontrer des effets secondaires identifiés avec leur :

- l'humeur : par exemple, la susceptibilité, l'indignation, les sautes d'humeur, les pleurs
- prospérité émotionnelle : par exemple, sentiments d'ineptie (par exemple "je ne peux rien faire de bien") ou de désespoir, pleurs, pitié exceptionnelle

- comportement : par exemple, se mettre en difficulté à l'école ou refuser d'aller en classe, fuir ses compagnons ou ses proches, songer à la mort ou au suicide.
- capacités cognitives : par exemple, difficultés de concentration, diminution de l'exécution scolaire, changements de notes
- conception du sommeil : par exemple, difficulté à se reposer ou somnolence excessive
- la prospérité physique : par exemple, la perte de vitalité, les problèmes liés à l'estomac, les changements dans la faim, la réduction ou l'ajout de poids

LES CONDITIONS QUI S'AGGRAVENT À CAUSE DE LA DÉPRESSION

Voici des affections qui peuvent s'aggraver à cause de la dépression : l'arthrite, l'asthme, les maladies cardiovasculaires, le cancer, le diabète et l'obésité.

Arthrite

L'arthrite est une aggravation des articulations. Elle peut toucher un seul os ou plusieurs articulations. Il existe plus de 100 types de douleurs articulaires, avec de multiples causes et techniques de traitement. Deux des types les plus connus sont l'arthrose et l'inflammation rhumatoïde (également appelée polyarthrite rhumatoïde).

Les effets secondaires de l'inflammation articulaire se manifestent généralement après un certain temps, mais ils peuvent aussi apparaître tout à coup. Les inflammations articulaires se manifestent le plus souvent chez les adultes de plus de 65 ans, mais elles peuvent aussi toucher les enfants, les adolescents et les adultes. Les douleurs articulaires sont plus typiques chez les femmes que chez les hommes et chez les personnes en surpoids.

Types d'arthrite

L'arthrose est une maladie courante qui résulte de la dégradation du ligament articulaire et de l'os caché. Les indications les plus largement reconnues sont les douleurs et la fermeté des articulations. En général, les signes évoluent progressivement au fil des ans.

La douleur articulaire rhumatoïde est une infection du système immunitaire à long terme, dynamique et handicapante. Elle provoque une irritation, une croissance et des douleurs dans et autour des articulations et des autres organes du corps.

Les inflammations articulaires rhumatoïdes touchent d'abord les mains et les pieds, mais elles peuvent se produire dans n'importe quelle articulation. En règle générale, elle touche des articulations similaires des deux côtés du corps.

Les indications de base comprennent la rigidité des articulations, en particulier après avoir trouvé un rythme de travail raisonnable le matin ou après un certain temps d'immobilisation. Quelques personnes ressentent fréquemment une faiblesse et un sentiment général de malaise.

Provoque une inflammation des articulations

Un ligament est un tissu conjonctif ferme mais adaptable situé dans vos articulations. Il sécurise les articulations en englobant le poids et l'étourdissement réalisés lorsque vous bougez et exercez une pression sur elles. Une diminution de la mesure standard de ce tissu ligamentaire provoque quelques types d'inflammation articulaire.

Le kilométrage habituel est à l'origine de l'arthrose, l'un des types de douleurs articulaires les plus connus. Une contamination ou une blessure des articulations peut intensifier cette dégradation normale du tissu ligamentaire. Votre risque d'arthrose peut être plus élevé si vous avez des antécédents familiaux de cette maladie.

Un autre type régulier d'inflammation articulaire, la PR, est un trouble du système immunitaire. Elle survient lorsque le cadre invulnérable de votre corps attaque les tissus de l'organisme. Ces agressions influencent la synovie, un tissu délicat situé dans vos articulations qui délivre un liquide qui alimente le ligament et graisse les os.

La PR est une maladie de la synovie qui va attaquer et décimer une articulation. Elle peut, à terme, conduire à la pulvérisation de l'os et du ligament à l'intérieur de l'articulation.

La raison spécifique des agressions du cadre résistant est obscure. Pourtant, les chercheurs ont trouvé des marqueurs génétiques qui multiplient par cinq le risque de créer une PR.

Les indications des douleurs articulaires

Les douleurs articulaires, la solidité et la croissance sont les effets secondaires les plus largement reconnus de l'inflammation des articulations. Votre capacité de mouvement peut également diminuer, et vous pouvez rencontrer des rougeurs de la peau autour de l'articulation. De nombreuses personnes souffrant d'une inflammation articulaire remarquent que leurs effets secondaires sont plus terribles en début de journée.

En raison de la PR, vous pouvez vous sentir fatigué ou perdre l'envie de manger à cause de l'irritation causée par le mouvement du cadre résistant. Vous pouvez également devenir fragile - ce qui signifie que votre taux de plaquettes rouges diminue - ou avoir une légère fièvre. Une PR grave peut entraîner une distorsion des articulations si elle n'est pas traitée.

Asthme

L'asthme est une maladie pulmonaire de longue durée. Vous entendrez peut-être votre PCP le considérer comme une maladie respiratoire persistante. Elle rend vos voies aériennes excitées et fines et rend la respiration difficile. Le sifflement, la respiration sifflante, la brièveté du souffle et le serrement de la poitrine sont des indications exemplaires de l'asthme.

Les composantes de l'asthme sont les suivantes :

- La génétique : Si un parent est asthmatique, vous en souffrirez forcément.

- Antécédents de contaminations virales : Les personnes dont les antécédents sont marqués par des maladies virales pendant leur jeunesse sont susceptibles de développer l'affection.

- La théorie de l'hygiène : Cette théorie suggère que les enfants ne sont pas exposés à suffisamment de microbes au cours de leurs premiers mois et années. Par conséquent, leurs structures de sécurité ne sont pas suffisamment capables de lutter contre l'asthme et d'autres maladies.

- Présentation précoce des allergènes : Le fait d'entrer en contact avec des allergènes potentiels et de les aggraver peut accroître le risque de développer de l'asthme.

Effets secondaires de l'asthme

- Les maladies : Les maladies respiratoires, par exemple le virus du rhume et la pneumonie de cette saison, peuvent déclencher des crises d'asthme.

- Exercice : L'expansion du développement peut rendre la respiration progressivement gênante.

- Des irritants perceptibles partout : Les personnes asthmatiques peuvent être sensibles à des facteurs aggravants, comme les gaz d'échappement synthétiques, les odeurs solides et la fumée.

- Allergènes : Les squames d'animaux, la vermine et la poussière ne sont que quelques exemples d'allergènes qui peuvent déclencher des effets secondaires.

- Conditions climatiques extrêmes : par exemple, une forte humidité ou des températures basses peuvent déclencher l'asthme.

- Les émotions : Les cris, les gloussements et les pleurs peuvent déclencher une agression.

Maladie cardiovasculaire

Les maladies cardiovasculaires, autrement appelées maladies du cœur, sont actuellement la première cause de décès sur la planète, comme l'indiquent les Centers for Disease Control and Prevention (CDCP). Dans le monde, un décès sur quatre est la conséquence d'une maladie coronarienne. Cela représente environ 610 000 personnes qui meurent de cette maladie chaque année.

Les maladies coronariennes ne font pas de ségrégation. C'est la principale source de décès pour quelques populations, dont les Caucasiens, les Hispaniques et les Afro-Américains. Près de 50 % des Américains risquent de souffrir d'une maladie coronarienne, et ce chiffre est en augmentation.

Si les maladies coronariennes peuvent être destructrices, elles sont également évitables dans la grande majorité des cas. En adoptant très tôt des habitudes de vie fiables, vous pouvez vivre plus longtemps avec un cœur plus avantageux ou plus sain.

Symptômes des maladies cardiovasculaires

Les indications des maladies cardiovasculaires peuvent être différentes selon les personnes. Par exemple, les hommes ont forcément des douleurs thoraciques ; les femmes ont forcément des effets secondaires différents de ceux des douleurs thoraciques, par exemple un souffle court, des nausées et une lassitude extraordinaire.

Les effets secondaires peuvent inclure :

- Douleurs thoraciques, sensation de serrement dans la poitrine, poids dans la poitrine et gêne dans la poitrine (angine de poitrine)
- Essoufflement
- Douleur, insuffisance ou frilosité dans les jambes ou les bras si les veines de ces parties du corps sont limitées.
- Douleur dans le cou, la mâchoire, la gorge, la région supérieure de l'estomac ou le dos.

Cancer

Le cancer est un ensemble de maladies comprenant un développement cellulaire irrégulier avec la possibilité d'attaquer ou de se propager à différentes parties du corps. Il se distingue des tumeurs bénignes, qui ne se propagent pas.

La dépression est très courante chez les personnes vivant avec une croissance maligne. Comme l'indique l'American Cancer Society, environ 1 personne sur 4 atteinte de la maladie souffre de dépression clinique.

La dépression clinique, également appelée trouble dépressif majeur (TDM), est un trouble psychologique décrit par une baisse de l'humeur pendant deux semaines dans la plupart des cas.

Voici quelques-uns des signes que peut provoquer une croissance maligne :

- Modification des seins
- Une bosse ou une inclinaison ferme dans votre sein ou sous votre bras
- Changement ou libération du mamelon
- Peau gênante, rouge, en couches, avec des fossettes ou des plis.
- Modifications de la vessie
- Difficulté à faire pipi
- Douleur en faisant pipi
- Du sang dans l'urine
- Drainage ou blessure, sans explication connue

Changements dans les entrailles

- Du sang dans les selles
- Changements dans les propensions d'entraînement
- Hack ou rugosité qui ne part pas
- Problèmes d'alimentation
- Douleur après avoir mangé (reflux acide ou brûlures d'estomac qui ne disparaissent pas)
- Difficulté à avaler
- Douleurs de ventre
- Nausées et vomissements
- Modification de l'appétit
- Épuisement extrême et persistant
- Fièvre ou sueurs nocturnes sans explication connue

Changements dans la bouche

- Une fixation blanche ou rouge sur la langue ou dans la bouche
- Saignement et douleur dans la lèvre ou la bouche

Problèmes neurologiques

- Maux de tête
- Crises d'épilepsie

- Changements de vision
- Changements auditifs
- Abaissement du visage

Changements cutanés

- Une bosse ombragée de tissu qui se draine ou se transforme en couche
- Un nouveau grain de beauté ou un ajustement d'un grain de beauté actuel
- Une plaie qui ne récupère pas
- Jaunisse (jaunissement de la peau et du blanc des yeux)
- Croissance ou protubérances à n'importe quel endroit, par exemple au niveau du cou, des aisselles, du ventre et de l'entrejambe.
- prise de poids ou perte de poids sans explication connue

Modifications de la vessie

- Difficulté à uriner
- Douleur en urinant
- Du sang dans les urines

Drainage ou blessure, sans explication connue

Changements intestinaux

- Du sang dans les selles
- les charnières dans les propensions intestinales

Hack ou sécheresse qui ne part pas

Problèmes d'alimentation

- Douleur après avoir mangé (reflux acide ou brûlures d'estomac qui ne disparaissent pas)
- Difficulté à avaler
- Tourmente du ventre
- Nausées et vomissements
- Modification de l'appétit
- Faiblesse extrême et persistante
- Fièvre ou sueurs nocturnes sans explication connue

Problèmes neurologiques

- Maux de tête
- Crises d'épilepsie
- Changements de vision
- Changements auditifs
- Abaissement du visage

5**Le diabète sucré**, communément appelé diabète, est une infection métabolique qui provoque une hyperglycémie. L'hormone insuline fait passer le sucre du sang dans vos cellules pour qu'il soit éliminé ou utilisé pour la vitalité. Dans le cas du diabète, l'organisme ne produit pas assez d'insuline ou ne parvient pas à utiliser l'insuline qu'il produit.

Si elle n'est pas traitée, l'hyperglycémie due au diabète peut endommager vos nerfs, vos yeux, vos reins et d'autres organes.

Il existe plusieurs types de diabète :

Le diabète de type 1 : c'est une infection du système immunitaire. Le cadre insusceptible agresse et annihile les cellules du pancréas, où l'insuline est fabriquée. Les causes de cette agression ne sont pas claires. Environ 10 % des personnes atteintes de diabète sont de ce type.

Le diabète de type 2 : il survient lorsque votre organisme devient imperméable à l'insuline et que le sucre se développe dans votre sang.

On parle de **pré-diabète** lorsque votre taux de glucose est plus élevé que d'habitude, mais pas suffisamment pour conclure à un diabète de type 2.

Le diabète gestationnel : il résulte d'un taux de glucose élevé pendant la grossesse. Les hormones bloquant l'insuline créées par le placenta sont à l'origine de ce type de diabète.

Les symptômes généraux du diabète sont les suivants :

- faim accrue
- soif accrue
- poids malchanceux
- pipi fréquent
- vision brouillée
- épuisement extrême
- des plaies qui ne guérissent pas

L'obésité : Les gens sont généralement considérés comme gros lorsque leur poids (IMC), une estimation obtenue en isolant la charge d'un individu par le carré de sa stature, est supérieur à 30 kg/m2 ; la fourchette de 25-30 kg/m2 est caractérisée comme une surcharge pondérale. Certaines nations d'Asie de l'Est utilisent des estimations plus basses. L'obésité augmente la probabilité de contracter différentes maladies et affections, notamment les infections cardiovasculaires, le diabète de type 2, l'apnée obstructive du repos, certaines formes de croissance maligne, l'arthrose et la tristesse.

L'obésité est un fléau dans le monde. Cette condition expose les individus à un risque plus élevé de maladies véritables. De plus, selon les Centers for Disease Control and Prevention (CDCP), "des facteurs tels que l'âge, le sexe, l'origine ethnique et la corpulence peuvent avoir un impact sur le lien entre l'IMC (indice de masse corporelle) et les muscles par rapport à la graisse. De plus, l'IMC ne reconnaît pas la surabondance de graisse, de muscles ou de masse osseuse, et ne donne aucun signe de la transmission de la graisse entre les personnes."

Causes de l'obésité

Manger un nombre de calories supérieur à celui que vous consommez en faisant des mouvements et des exercices quotidiens (sur le long terme) provoque l'obésité. Au bout d'un certain temps, ces calories supplémentaires sont incluses et vous font prendre du poids.

Les raisons explicites régulières de l'obésité sont les suivantes :

- une alimentation peu variée, riche en graisses et en calories.
- Avoir un mode de vie stationnaire (dormant).
- Vous ne dormiez pas assez, ce qui peut provoquer des changements hormonaux qui vous donnent faim et envie de certains aliments malsains.
- La génétique, qui peut influencer la manière dont votre corps transforme les aliments en vitalité et dont les graisses sont éliminées.
- Une croissance plus âgée, qui peut entraîner une diminution du volume et un ralentissement du métabolisme, ce qui facilite la prise de poids.
- La grossesse (le poids pris pendant la grossesse peut être difficile à perdre et peut inévitablement provoquer l'obésité).

Certaines affections peuvent également entraîner une prise de poids. Il s'agit notamment de :

- le trouble des ovaires polykystiques : une affection qui provoque une maladresse des hormones régénératrices féminines

- Trouble de Prader-Willi : une condition peu commune avec laquelle un individu est mis au monde et qui crée un désir déraisonnable.

- Le syndrome de Cushing : une maladie provoquée par la présence d'une quantité inutile de l'hormone corticale dans votre organisme.

- hypothyroïdie (thyroïde inactive) : situation dans laquelle l'organe thyroïdien ne produit pas suffisamment de certaines hormones importantes.

- l'arthrose (et les différentes affections qui provoquent des tourments pouvant inciter à l'oisiveté).

Symptômes d'obésité

Bien que l'augmentation de quelques kilos supplémentaires puisse sembler sans importance, elle peut rapidement devenir une véritable maladie.

Les effets secondaires de l'obésité peuvent avoir un impact négatif sur la vie quotidienne d'une personne. Pour les adultes, certains symptômes comprennent :

- Excès de muscle par rapport à l'accumulation de graisse (surtout autour du ventre)
- Essoufflement
- Transpiration (plus importante que prévu)
- Ronflement
- Difficulté à s'endormir
- Problèmes de peau (dus à l'humidité qui s'accumule dans les plis de la peau)
- Incapacité d'accomplir des tâches physiques simples (que l'on pouvait accomplir sans trop d'efforts avant la prise de poids).
- Fatigue (de douce à extraordinaire)
- Douleurs (généralement dans le dos et les articulations)
- Influence psychologique (confiance négative, tristesse, disgrâce, isolement social)
- Problème d'alimentation

- Réserves de tissus graisseux (perceptibles dans la région de la poitrine)
- L'apparition de taches d'étirement sur les hanches et le dos
- Acanthosis nigricans (peau lisse et terne autour du cou et de différentes zones)
- Essoufflement lors d'une action physique
- Apnée du sommeil
- Constipation
- Reflux gastro-intestinal
- Faible confiance
- Adolescence précoce chez les jeunes femmes/pubescence retardée chez les jeunes hommes
- Problèmes orthopédiques, (par exemple, pieds plats ou hanches disjointes)

CHAPITRE TROIS

UN GUIDE COMPLET POUR UN CHANGEMENT CONSCIENT ET LE RÉTABLISSEMENT DE L'ANXIÉTÉ

La pleine conscience implique de rester attentif, minute par minute, à nos pensées, à nos sentiments, à nos sensations et à notre état général, grâce à une attention délicate et soutenue.

La pleine conscience inclut en outre la reconnaissance, ce qui implique que nous nous concentrons sur nos pensées et nos sentiments sans trancher entre eux, sans accepter, par exemple, qu'il existe une "bonne" ou une "mauvaise" approche pour penser ou ressentir à un moment donné. Lorsque nous pratiquons la pleine conscience, nos pensées se concentrent sur ce que nous détectons en ce moment même, au lieu de ressasser le passé ou d'envisager ce qui est à venir.

LES AVANTAGES DE LA PLEINE CONSCIENCE

La pleine conscience améliore le bien-être.

Le fait d'accroître votre capacité à être attentif renforce de nombreuses perspectives qui contribuent à une vie épanouie. En étant attentif, il est plus facile de savourer les plaisirs de la vie tels qu'ils se présentent, de s'occuper entièrement des exercices et d'avoir une capacité plus remarquable à gérer les occasions défavorables. En se concentrant sur le moment et le lieu présents, de nombreuses personnes qui pratiquent la pleine conscience constatent qu'elles sont moins enclines à s'impliquer dans des stress sur l'avenir ou des lamentations sur le passé, qu'elles sont moins distraites par des inquiétudes sur le progrès et la confiance, et qu'elles sont mieux préparées à former des associations profondes avec les autres.

La pleine conscience améliore la santé physique.

Si le bien-être n'est pas une motivation suffisante, les chercheurs ont découvert que les stratégies de pleine conscience contribuent à améliorer la santé physique de diverses manières. La pleine conscience peut aider à calmer le stress, à traiter les maladies coronariennes, à réduire la tension circulatoire, à diminuer les douleurs incessantes, à améliorer le repos et à atténuer les problèmes gastro-intestinaux.

La pleine conscience améliore la santé mentale.

Ces derniers temps, les psychothérapeutes ont fait de la contemplation de la pleine conscience un élément important du traitement de divers problèmes, notamment la mélancolie, la toxicomanie, les problèmes alimentaires, les conflits de couple, les problèmes d'anxiété et les problèmes d'enthousiasme excessif.

Les analystes ont découvert que l'IBMT (préparation intégrative du corps et de l'esprit) déclenche les changements positifs nécessaires dans le cerveau qui pourraient aider à prévenir la maladie mentale. L'action de ce système permet de soutenir la productivité d'une partie de l'esprit qui aide les individus à gérer leur conduite.

La pleine conscience allège le stress.

Comme les individus sont confrontés à une mesure croissante de poids de nos jours en raison de l'idée imprévisible de notre grand public, ils sont fréquemment tourmentés par une grande quantité de stress. Ce stress s'ajoute à un large éventail d'autres problèmes de santé. La pleine conscience peut réduire le stress en agissant comme une mesure de précaution et aider les individus à surmonter les situations difficiles.

La pleine conscience favorise la flexibilité cognitive.

Une étude recommande que la pleine conscience n'aide pas seulement les individus à devenir moins réceptifs, mais qu'elle peut aussi leur donner une plus grande flexibilité cognitive. Les personnes qui pratiquent la pleine conscience donnent l'impression d'être prêtes à répéter la perception de soi, ce qui sépare naturellement les voies créées dans le cerveau à partir d'un apprentissage antérieur et permet de comprendre d'une autre manière les données qui se produisent en ce moment.

La pleine conscience rend les relations plus heureuses.

Les analystes ne sont pas encore certains que cela fonctionne, mais des études cérébrales de plus en plus poussées ont démontré que les personnes qui pratiquent la pleine conscience en permanence présentent des changements structurels et fonctionnels dans les zones de l'esprit qui sont liées à l'amélioration de la sympathie, de l'empathie et de la considération.

La pleine conscience diminue l'anxiété.

La recherche a découvert que la pleine conscience est particulièrement utile pour diminuer l'anxiété. La pratique de la pleine conscience aide généralement à réorganiser votre cerveau afin que vous puissiez rassembler vos considérations. Au lieu de suivre une pensée négative et stressante dans toutes ses conséquences possibles, vous pouvez découvrir comment percevoir la vérité sur vos sentiments et les laisser partir.

La pleine conscience améliore le sommeil.

La réaction de relâchement dont votre corps a besoin pour réfléchir en pleine conscience est un remarquable inverse de la réaction de stress. Cette réaction de détente tente de soulager de nombreux problèmes de santé liés au stress, par exemple la douleur, le désespoir et l'hypertension. Des problèmes de repos sont souvent associés à ces afflictions.

La pleine conscience soulage la douleur.

Environ 100 millions d'Américains subissent chaque jour les effets néfastes d'une douleur constante ; cependant, 40 à 70 % de ces personnes n'acceptent pas un traitement clinique approprié. De nombreux examens ont démontré que la contemplation de la pleine conscience peut diminuer la douleur sans utiliser les cadres narcotiques endogènes qui sont généralement autorisés pour diminuer la douleur au cours de procédures basées sur la cognition comme la pleine conscience.

CHAPITRE QUATRE

ANXIÉTÉ

Nous sommes tous confrontés à l'anxiété ; c'est un état humain naturel et un élément crucial de notre vie. L'anxiété nous incite à distinguer et à réagir au péril en mode "combat ou fuite". Elle peut nous inciter à faire face à des difficultés gênantes. La mesure "parfaite" de l'anxiété peut nous aider à améliorer et à animer notre activité et notre capacité d'innovation.

Quoi qu'il en soit, l'anxiété a une autre facette. L'anxiété infatigable provoque une véritable détresse passionnelle et peut nous amener à nous sentir mal et, même dans les conditions les moins favorables, à créer des problèmes d'anxiété, par exemple des alarmes, des peurs et des pratiques de fixation. À ce niveau, l'anxiété peut avoir un effet véritablement pénible et affaiblissant sur notre vie et avoir un impact sur notre santé physique comme sur notre santé mentale.

L'anxiété est l'un des problèmes de santé mentale les plus largement reconnus sur la planète, et il est en pleine expansion. Cependant, il reste sous-détaillé, sous-analysé et sous-traité. Une bonne capacité d'adaptation à l'anxiété est essentielle pour résister à tout ce que la vie nous réserve. Néanmoins, le fait d'être confronté à l'anxiété à l'extrême ou de façon répétée implique que nous risquons d'être accablés, incapables de trouver un équilibre dans nos vies ou de nous détendre et de récupérer. Notre capacité à trouver une certaine harmonie intérieure n'a jamais été aussi importante pour notre bien-être.

Tout le monde est confronté à l'anxiété. Quoi qu'il en soit, lorsque des sentiments de crainte et de détresse extrêmes sont accablants et nous empêchent de faire des choses ordinaires.

Tout le monde ressent de l'anxiété tôt ou tard dans sa vie, qu'il s'agisse de se préparer à une réunion avec un employé potentiel, de rencontrer la famille d'un complice juste parce que, ou de la possibilité d'être parent. Si nous associons l'anxiété à des modifications de notre état mental, ressenties comme du stress ou de l'inquiétude, et à des signes physiques, par exemple un pouls élevé et de l'adrénaline, nous comprenons également qu'elle ne nous influencera probablement que brièvement, jusqu'à ce que la source de notre anxiété soit passée ou que nous ayons trouvé comment nous y adapter. L'anxiété fait donc partie d'un ensemble de sentiments qui ont la capacité positive de nous faire prendre conscience de choses sur lesquelles nous devons nous stresser, à savoir des situations potentiellement dangereuses. De manière encore plus critique, ces sentiments nous aident à évaluer les dangers potentiels et à y réagir de manière appropriée, peut-être en stimulant nos réflexes ou en nous concentrant.

L'anxiété est un mot que nous utilisons pour décrire les sentiments d'inquiétude, de stress et de crainte. Il regroupe à la fois les sentiments et les sensations physiques que nous pouvons rencontrer lorsque nous sommes stressés ou appréhendés par quelque chose. Même si, en règle générale, nous pensons qu'elle est désagréable, l'anxiété s'identifie à la réaction de "combat ou de fuite" - notre réponse organique typique au sentiment de compromission.

LES SYMPTÔMES DE L'ANXIÉTÉ

Comme pour tout comportement dysfonctionnel, les personnes souffrant d'un problème d'anxiété ressentent les indications d'une manière inattendue. Quoi qu'il en soit, pour la grande majorité d'entre elles, l'anxiété modifie leur façon de travailler au quotidien. Les individus peuvent rencontrer au moins un des effets secondaires suivants :

Inquiétude excessive

L'une des indications les plus largement reconnues d'un problème d'anxiété est l'inquiétude excessive.

L'inquiétude liée au problème d'anxiété est déséquilibrée par rapport aux événements qui la déclenchent et se produit régulièrement à la lumière des circonstances ordinaires.

L'inquiétude est dangereuse et dérangeante, elle rend difficile la réflexion et la réalisation des tâches quotidiennes.

Les personnes âgées de moins de 65 ans courent le plus grand risque de souffrir d'anxiété, en particulier les célibataires, les personnes dont la situation financière est moins bonne et celles qui subissent de nombreux facteurs de stress.

Sentiment d'agitation

Lorsque quelqu'un se sent sur les nerfs, une partie de son système sensoriel réfléchi s'emballe.

Il s'ensuit une série d'effets dans tout le corps, par exemple un rythme effréné, des mains trempées de sueur, des mains capricieuses et une bouche sèche.

Ces effets secondaires surviennent parce que votre cerveau sait que vous avez détecté un risque et qu'il prépare votre organisme à réagir au danger.

Votre corps détourne le sang de votre estomac vers vos muscles si vous devez courir ou vous battre. De même, cela renforce votre pouls et augmente vos facultés.

Si ces impacts sont utiles en cas de risque réel, ils peuvent être débilitants si la peur est uniquement dans votre esprit.

Selon certaines études, les personnes souffrant d'un problème d'anxiété ne sont pas prêtes à diminuer leur excitation aussi rapidement que les personnes sans problème d'anxiété, ce qui implique qu'elles peuvent ressentir les effets de l'anxiété pendant une période plus longue.

Agitation

L'agitation est une autre indication régulière de l'anxiété, en particulier chez les enfants et les jeunes.

Lorsqu'une personne ressent de l'agitation, elle la décrit régulièrement comme un sentiment de "tension" ou une "envie maladroite de bouger".

Une enquête menée auprès de 128 enfants considérés comme souffrant d'anxiété a révélé que 74 % d'entre eux ont déclaré que l'agitation était l'une de leurs principales manifestations d'anxiété.

Fatigue

Le fait d'être effectivement fatigué est un autre effet secondaire potentiel du résumé d'un problème d'anxiété.

Cet effet secondaire peut être étonnant pour certains, car l'anxiété est régulièrement liée à l'hyperactivité ou à l'excitation.

Pour quelques-uns, la fatigue peut suivre une crise d'angoisse, tandis que pour d'autres personnes, la fatigue peut être chronique.

Difficulté à se concentrer

De nombreuses personnes souffrant d'anxiété déclarent avoir des difficultés à se concentrer.

Quelques études montrent que l'anxiété peut perturber la mémoire de travail, une sorte de mémoire qui permet de conserver des données momentanées. Cela pourrait contribuer à expliquer la baisse d'exécution émotionnelle que les individus ressentent fréquemment en période de forte anxiété.

Les attaques de panique

Un type de problème d'anxiété appelé problème de panique est lié à la répétition des attaques de panique.

Les attaques de panique produisent une impression de peur extrême et accablante qui peut être débilitante.

Cette peur extrême s'accompagne régulièrement de battements cardiaques rapides, de sueurs, de tremblements, d'essoufflement, d'un serrement de poitrine, de nausées et de l'angoisse de mordre la poussière ou de perdre le contrôle.

Les attaques de panique peuvent se produire en isolement ; toutefois, si elles se produisent de temps à autre et de façon soudaine, elles peuvent être le signe d'un problème de panique.

Maintenir une distance stratégique par rapport aux situations sociales

Les personnes souffrant d'anxiété sociale peuvent se montrer incroyablement timides et calmes dans les rassemblements ou lorsqu'elles rencontrent de nouvelles personnes. Même si elles ne semblent pas bouleversées à l'extérieur, elles ressentent intérieurement une peur et une anxiété extraordinaires.

Ce détachement peut de temps à autre donner aux personnes souffrant d'anxiété sociale l'impression d'être vaniteuses ou distantes ; cependant, l'agitation est liée à un manque de confiance en soi, à une forte auto-analyse et au découragement.

Vous pourriez montrer des signes de problème d'anxiété sociale si vous vous faites :

- Se sentir sur les nerfs ou avoir peur des circonstances sociales à venir.
- Vous craignez d'être jugé ou examiné par les autres.
- Peur d'être humilié ou embarrassé devant les autres
- Éviter des rencontres spécifiques en raison de ces craintes.

Peurs irrationnelles

Des craintes déraisonnables à l'égard de certaines choses, par exemple les bestioles, les espaces clos ou les statures, peuvent être une indication de la peur.

La peur se caractérise par une anxiété ou des inquiétudes excessives concernant un élément ou une circonstance particulière. Ce sentiment est suffisamment sérieux pour perturber votre capacité à travailler de manière typique.

TYPES DE TROUBLES ANXIEUX

Les troubles de l'anxiété ont des indications ou des symptômes différents. Cela implique également que chaque type d'anxiété a son propre plan de traitement. Les problèmes de nervosité les plus largement reconnus sont les suivants :

- **Trouble panique**

  Le trouble panique est un sentiment de terreur inattendu ; il frappe soudainement sans avertissement. Les effets secondaires physiques comprennent des douleurs thoraciques, des palpitations cardiaques, une instabilité, un essoufflement et des maux d'estomac.

- **Phobies**

  La grande majorité des personnes ayant des peurs explicites ont quelques déclencheurs. Pour ne pas se figer, une personne ayant des peurs compréhensibles s'efforcera de s'éloigner de ses déclencheurs. Selon le type et le nombre de déclencheurs, cette peur et les efforts déployés pour la contrôler peuvent sembler prendre le contrôle de la vie d'une personne.

- **Trouble d'anxiété généralisée (TAG)**

   Le TAG produit une agonie incessante et exagérée de l'existence quotidienne. Cela peut dévorer des heures chaque jour, ce qui rend difficile la concentration ou la réalisation des tâches quotidiennes habituelles. Une personne atteinte de TAG peut être épuisée par le stress et souffrir de migraines, de pression ou de nausées.

- **Trouble de l'anxiété sociale**

   Contrairement à la pudeur, ce trouble provoque une peur extraordinaire, régulièrement déterminée par un stress déraisonnable lié à l'embarras social "dire quelque chose de débile" ou "ne pas reconnaître ce qu'il faut dire". Une personne souffrant d'un trouble de l'anxiété sociale risque de ne pas participer aux discussions, d'apporter sa contribution aux conversations de la classe ou d'offrir ses idées, et peut s'isoler. La crise d'angoisse est une réaction typique.

- **Trouble obsessionnel-compulsif**

  Obsessionnel : Considérations, pensées, motivations ou images constantes qui sont gênantes et erronées et qui provoquent une anxiété ou une détresse vérifiée. Les personnes souffrant de fixations s'efforcent généralement d'ignorer ou d'étouffer de telles pensées ou forces motrices ou de les équilibrer par des contemplations ou des activités différentes (impulsions).

  Compulsif : Pratiques répétitives (par exemple, se laver les mains, demander ou vérifier) ou actes mentaux (par exemple, supplier, compter ou répéter des mots) qui se produisent en raison d'une fixation ou d'une manière formelle.

- **Trouble de stress post-traumatique**

  Il s'agit de flashbacks, de songes et de souvenirs stables et surprenants, d'indignation ou de sensibilité à la lumière d'un événement effrayant au cours duquel un méfait physique s'est produit ou a été compromis, par exemple une agression, un abus d'enfant, une guerre ou un événement catastrophique.

LES CAUSES DES TROUBLES DE L'ANXIÉTÉ

Les chercheurs admettent que de nombreux éléments se conjuguent pour provoquer des troubles anxieux :

- Génétique

Dans certaines familles, le nombre de personnes souffrant de problèmes d'anxiété est plus élevé que la normale, et des études confirment que les troubles anxieux sont familiaux ou héréditaires. Cela peut être un facteur dans l'apparition d'un trouble anxieux chez une personne.

- Le stress

Une circonstance stressante ou traumatique, par exemple un abus, le décès d'un ami ou d'un membre de la famille, la sauvagerie ou une maladie tardive, est régulièrement liée à l'amélioration d'un trouble anxieux.

LES EFFETS DE L'ANXIÉTÉ SUR LE CORPS

L'anxiété peut créer de nombreux remous dans votre corps qui se prépare au péril. Ces sensations sont connues sous le nom de "réaction de prudence", qui survient lorsque le système d'alarme habituel du corps (la réaction de "fuite-regel") a été déclenché.

Un rythme cardiaque et une respiration rapides - Lorsque votre corps se prépare à une activité, il s'assure qu'une quantité suffisante de sang et d'oxygène est acheminée vers vos principaux rassemblements musculaires et organes essentiels, ce qui vous permettra de fuir ou de repousser la menace.

Transpirer - La transpiration rafraîchit le corps. De même, elle rend la peau de plus en plus délicate et difficile à saisir pour une créature ou un individu agresseur.

Nausées et maux d'estomac - Lorsqu'il est confronté à une menace, le corps ferme les structures/formes qui ne sont pas nécessaires à l'endurance ; ainsi, il peut orienter la vitalité vers les capacités qui sont fondamentales pour la tolérance. L'assimilation est l'une des procédures qui n'est pas nécessaire en cas de risque. Dans ce contexte, l'anxiété peut provoquer des maux d'estomac, des maladies ou des pertes intestinales.

Sensation de désarroi ou d'étourdissement - Comme le sang et l'oxygène sont acheminés vers des groupes de muscles importants lorsque nous sommes en danger, nous inspirons beaucoup plus rapidement pour pousser l'oxygène vers ces muscles. Quoi qu'il en soit, cette réaction peut provoquer une hyperventilation (une grande quantité d'oxygène provenant d'une respiration rapide pour préparer le corps à l'activité), ce qui peut vous faire sentir confus ou instable. De même, étant donné que la majeure partie de votre sang et de votre oxygène se dirige vers vos bras et vos jambes (pour "combattre ou fuir"), il y a une légère diminution du sang vers le cerveau, ce qui peut également vous faire perdre les yeux. N'essayez pas de vous stresser, cependant : la légère diminution du flux sanguin vers le cerveau n'est en aucun cas dangereuse.

Poitrine serrée ou agonisante - Vos muscles s'inquiètent lorsque votre corps se prépare au risque. Ainsi, votre poitrine peut se sentir serrée ou difficile lorsque vous prenez d'énormes respirations alors que les muscles de votre poitrine sont tendus.

Sensations de mort, d'engourdissement et de frisson - L'hyperventilation (excès d'oxygène) peut également provoquer des engourdissements et des frissons. Les sensations de frisson peuvent également être identifiées à la manière dont les poils de notre corps se dressent régulièrement lorsqu'ils sont confrontés à un risque, afin de renforcer notre capacité de contact ou de développement. Enfin, les doigts et les orteils peuvent également être engourdis ou donner des frissons, car le sang circule des endroits où il n'est pas nécessaire (comme les doigts) vers des groupes de muscles importants qui en ont besoin (comme les bras).

La lourdeur des jambes - Lorsque les jambes se préparent à l'activité (combat ou fuite), l'augmentation de la pression musculaire, tout comme l'augmentation du flux sanguin vers ces muscles, peut créer le tumulte de jambes importantes.

Sensations d'étouffement ou de suffocation - Une pression musculaire accrue autour du cou ou une respiration rapide assèchent la gorge, ce qui peut vous donner l'impression de vous étouffer.

Bouffées de chaleur et de froid - Ces sensations peuvent être identifiées à la transpiration et au rétrécissement des veines de la couche supérieure de la peau. Ce rétrécissement contribue également à réduire la perte de sang en cas de blessure.

Système nerveux central

L'anxiété à long terme et les crises de stress peuvent amener votre cerveau à décharger en permanence des hormones de pression. Cela peut accroître la récurrence des effets secondaires, par exemple, les douleurs cérébrales, l'instabilité et le découragement.

Au moment où vous vous sentez à cran et concentré, votre cerveau inonde votre système nerveux d'hormones et de composés synthétiques destinés à vous aider à réagir à un risque. L'adrénaline et le cortisol en sont deux modèles.

Bien qu'elles soient utiles pour les occasions périodiques de stress élevé, l'introduction à long terme des hormones d'étirement peut progressivement nuire à votre bien-être physique à long terme. Par exemple, l'introduction à long terme d'hormones corticales peut entraîner une prise de poids.

Système cardio-vasculaire

Les troubles anxieux peuvent provoquer un pouls rapide, des palpitations et des douleurs thoraciques. Vous pouvez également être exposé à un risque accru d'hypertension et de maladie coronarienne. Si vous êtes déjà atteint d'une maladie coronarienne, les troubles anxieux peuvent augmenter le risque d'accidents coronariens.

Systèmes excréteurs et liés à l'estomac

L'anxiété influence également votre système excréteur et votre système gastrique. Vous pouvez avoir des maux d'estomac, des nausées, un relâchement des intestins et d'autres problèmes liés à l'estomac. Une perte d'appétit peut également se produire.

Il pourrait y avoir une association entre les troubles de l'anxiété et l'évolution du syndrome de l'intestin irritable (SII) après une maladie intestinale. Le SCI peut provoquer des vomissements, des diarrhées ou des engorgements.

Le système résistant ou immunitaire

L'anxiété peut déclencher votre réaction de pression de type "fuite ou bataille" et déverser dans votre système une poussée de concoctions et d'hormones synthétiques, semblables à l'adrénaline.

Pour l'instant, cela accélère votre rythme cardiaque et respiratoire, afin que votre esprit puisse recevoir plus d'oxygène. Cela vous prépare à réagir de manière appropriée à une circonstance exceptionnelle. Votre système de sécurité peut même bénéficier d'un petit coup de pouce. Avec une pression peu fréquente, votre corps revient à un fonctionnement normal lorsque la pression passe.

Si vous vous sentez toujours à bout de nerfs et concentré ou si cela dure un certain temps, votre corps ne reçoit jamais le signal de revenir à un fonctionnement normal. Cela peut affaiblir votre système immunitaire, vous laissant de plus en plus démuni face aux maladies virales et aux affections incessantes. De même, vos anticorps ordinaires peuvent ne pas fonctionner si vous êtes anxieux.

Système respiratoire

L'anxiété provoque une relaxation rapide et superficielle. Si vous souffrez d'une infection respiratoire obstructive constante, vous risquez davantage d'être hospitalisé en raison des désagréments liés à l'anxiété. L'anxiété peut également exacerber les signes de l'asthme.

autres impacts

Les troubles de l'anxiété peuvent provoquer différentes indications, notamment :

- Maux de tête
- pression musculaire
- insomnie
- dépression
- confinement social

Si vous souffrez d'un SSPT (syndrome de stress post-traumatique), vous pouvez rencontrer des flashbacks, c'est-à-dire vous souvenir occasionnellement d'une expérience traumatisante. Les différents effets secondaires comprennent la privation de sommeil, les mauvais rêves et les troubles.

COMMENT SURMONTER L'ANXIÉTÉ

Criez-le

Converser avec un compagnon cru est une façon de s'adapter à l'anxiété. Quoi qu'il en soit, il y a quelque chose d'étonnamment mieux que de parler : crier aussi fort que possible. Enfant, on vous a probablement appris à ne pas crier et on vous a conseillé d'utiliser votre "voix intérieure". Mais en tant qu'adulte, vous pouvez faire vos propres principes. Alors, si vous êtes en train de gérer des insatisfactions et des angoisses refoulées, faites-le savoir.

Cela ne veut pas dire qu'il faut déranger la peur chez les autres, pour qu'ils se sentent comme vous. Il s'agit d'une arrivée saine de sentiments dans une situation contrôlée. Plus vous luttez contre l'anxiété, plus elle peut devenir accablante. Au lieu de cela, gardez la peur comme un élément de votre vie, et ensuite, laissez-la partir. Criez aussi fort que possible, donnez un coup de poing sur un tapis, tapez des pieds ou frappez votre poitrine. Faites tout ce qui peut vous aider à la faire sortir ! Un instructeur de yoga basé à Los Angeles a même créé un cours appelé Tantrum Yoga qui incite les yogis à essayer ces stratégies fantaisistes comme approche pour évacuer les sentiments qui "stagnent dans notre corps et pourraient se transformer en stress, en maladie, etc.".

Allez-y

L'exercice est très probablement la chose exactement opposée que vous devez faire lorsque votre cerveau est en surrégime. Vous pouvez stresser à propos de l'irritation post-exercice et de l'impossibilité de marcher ou de vous asseoir pendant les deux jours suivants. Ou encore, votre psychisme peut se diriger vers l'issue la plus terrible imaginable, et vous redoutez de vous surmener et d'avoir une défaillance coronarienne. Quoi qu'il en soit, l'exercice est extraordinaire par rapport aux autres dispositions anti-anxiété courantes.

Le mouvement physique augmente les niveaux d'endorphines et de sérotonine pour vous aider à vous sentir mieux intérieurement. De plus, lorsque vous vous sentez mieux à l'intérieur, votre état d'esprit général s'améliore. De plus, comme votre cerveau ne peut pas se concentrer sur deux choses en même temps, l'exercice peut également vous faire oublier vos problèmes. Concentrez-vous sur 30 minutes de mouvement physique trois à cinq jours par semaine. N'essayez pas de penser que vous devez vous battre pendant un exercice atroce. Tout type d'évolution est acceptable, alors mettez votre confiture préférée et bougez dans la maison. Ou alors, faites-vous plaisir et faites vos exercices de yoga préférés.

Adieu à la caféine

Un espresso, du chocolat ou un Coca-Cola bien frais peuvent vous aider à vous sentir beaucoup mieux. Dans tous les cas, si la caféine est votre médicament de prédilection, votre anxiété pourrait s'intensifier.

La caféine donne un choc au système sensoriel, ce qui soutient les niveaux de vitalité. Quoi qu'il en soit, sous tension, cette vitalité anxieuse peut provoquer une crise d'angoisse. À l'heure actuelle, le fait de renoncer à votre rafraîchissement stimulé le plus cher peut faire monter votre pouls et provoquer de l'anxiété au moment où vous lisez ces lignes, mais vous n'avez pas besoin de vous passer de période de sevrage ou de renoncer à la caféine. Tout est question de contrôle.

Au lieu de quatre tasses d'espresso par jour, réduisez votre consommation à quelques tasses ordinaires estimées par jour - typiques comme dans 8 onces, pas 16 ou 32 onces. Faites un essai et observez comment vous vous sentez. Au fur et à mesure que vous vous sevrez, introduisez progressivement d'autres boissons dans votre régime alimentaire, par exemple du thé naturel décaféiné, qui peut calmer votre cerveau et vos nerfs.

Donnez-vous une heure de sommeil

Avec votre calendrier chargé, il n'y a pas de temps pour le repos, n'est-ce pas ? Quelques travailleurs compulsifs se vantent de n'avoir besoin que de trois ou quatre heures de repos par nuit, comme pour affirmer : "Je suis plus décidé et soumis que tous les autres." Mais indépendamment de ce que vous pouvez vous laisser croire, vous n'êtes pas un robot. Les gens ont besoin de repos pour travailler convenablement, donc, sauf si vous avez rayonné depuis une planète voisine, cela vous concerne également.

Que vous souffriez d'un trouble du sommeil, que vous limitiez délibérément votre temps de repos ou que vous vous décriviez comme un noctambule, le manque constant de sommeil vous rend vulnérable à l'anxiété. Faites-vous une faveur (et à tous ceux qui vous entourent) et reposez-vous huit à neuf heures par nuit. Prenez l'habitude de lire un livre ou de faire quelque chose de relaxant avant de vous coucher. Plus vous serez en mesure de vous reposer pendant la nuit, mieux vous vous reposerez et mieux vous vous porterez le matin.

Se sentir "bien" en disant "NON".

Votre assiette est tellement énorme, et si vous vous accablez des problèmes de chacun, votre anxiété diminuera également. Nous avons tous entendu le dicton "Il y a plus de joie à donner qu'à recevoir". "Mais il ne dit nulle part que vous devez vous reposer et laisser les autres empiéter sur votre temps.

Que vous conduisiez quelqu'un pour une mission, que vous ameniez ses enfants à l'école ou que vous écoutiez attentivement ses problèmes, vous aurez peu de solidarité pour penser à vos problèmes si vous consacrez pratiquement tous vos efforts à penser aux autres. Cela ne signifie pas que vous ne devez jamais soutenir personne, mais connaissez vos limites et n'hésitez pas à dire "non" quand il le faut.

Essayez de ne pas sauter les dîners

Si l'anxiété provoque des nausées, l'idée de manger des aliments est aussi engageante que de manger de la terre. Quoi qu'il en soit, sauter un repas peut aggraver l'anxiété. Votre taux de glucose diminue lorsque vous ne mangez pas, ce qui provoque l'arrivée d'une hormone du stress appelée cortisol. Le cortisol peut vous aider à mieux fonctionner sous tension, mais il peut également aggraver votre état si vous êtes déjà enclin à l'anxiété.

La façon dont vous devez manger ne légitime pas le fait de vous fourrer n'importe quoi dans la bouche, ce n'est donc pas une raison pour vous délecter de sucre et de nourriture de mauvaise qualité. Le sucre ne cause pas l'anxiété, mais une poussée de sucre peut provoquer des signes physiques d'anxiété, par exemple l'appréhension et les tremblements. De plus, si vous commencez à faire une fixation sur une réponse au sucre, vous pouvez avoir une crise d'anxiété totale.

Intégrez de plus en plus de protéines maigres, de produits naturels, de légumes et de graisses solides dans votre régime alimentaire. Mangez cinq à six petits repas par jour, et gardez une distance stratégique ou limitez votre consommation de sucre et d'amidons raffinés.

Donnez-vous une stratégie de sortie

Ici et là, l'anxiété est due au fait de se sentir sauvage. En général, vous ne pouvez pas être aux commandes de votre vie ; cependant, vous pouvez trouver un moyen de distinguer vos déclencheurs et de vous adapter aux conditions qui provoquent l'anxiété.

L'idée d'aller dans une circonstance sociale ou de rencontrer de nouveaux individus vous donne-t-elle envie de sauter d'une extension ? Alors que tous les participants à un rassemblement prennent part à des discussions énergisantes, peut-être vous voyez-vous tenir le diviseur et vérifier pendant le temps jusqu'à ce que l'on vous sorte de votre misère. Vous avez conduit avec des compagnons et ne pouvez pas partir, alors vous passez toute la soirée à ressembler à l'ordonnateur du bol de punch. C'est cette hantise qui vous fait diminuer les sollicitations et le repos au fur et à mesure des week-ends.

Pourtant, imaginez un scénario dans lequel vous auriez mis en place un système de congés avant de sortir. Par exemple, plutôt que de faire du covoiturage avec vos compagnons fêtards invétérés, vous pourriez conduire vous-même. Dans le même ordre d'idées, vous pouvez partir si votre anxiété commence à s'accumuler et que vous ne pouvez pas supporter un moment de plus d'associations maladroites. Plus vous vous sentirez responsable, moins vous serez anxieux.

CHAPITRE CINQ
CRISES DE PANIQUE

Les attaques de panique sont des moments inattendus d'effroi sérieux qui peuvent comprendre des palpitations, des sueurs, des tremblements, la brièveté du souffle, un engourdissement ou l'impression que quelque chose de terrible va se produire. Le niveau le plus extrême d'indications se produit en un rien de temps. En général, elles durent environ 30 minutes ; toutefois, la durée peut varier de quelques secondes à plusieurs heures. Il peut y avoir une crainte de perdre le contrôle ou une douleur thoracique. Les attaques de panique en elles-mêmes ne présentent généralement pas de risque réel.

Les attaques de panique peuvent survenir en raison de divers troubles, notamment le trouble panique, le trouble d'anxiété sociale, le trouble de stress post-traumatique, le trouble de la consommation de tranquillisants, le mal-être et les problèmes cliniques. Elles peuvent être activées ou survenir soudainement. Le tabagisme, la caféine et le stress mental augmentent le risque d'avoir une attaque de panique. Avant l'analyse, il convient d'exclure les affections qui produisent des effets secondaires comparables, par exemple l'hyperthyroïdie, l'hyperparathyroïdie, les maladies coronariennes et les maladies pulmonaires.

LES RAISONS DES ATTAQUES DE PANIQUE

Découragement

Le découragement est nommé un trouble du tempérament. Il peut être décrit comme des sentiments d'amertume, de malheur ou d'indignation qui perturbent les exercices ordinaires d'un individu.

Abus d'alcool

L'abus d'alcool englobe toute une série de pratiques malheureuses de consommation d'alcool, allant de l'assaut de la bouteille à la dépendance à l'alcool, entraînant dans les cas extrêmes des problèmes médicaux pour les personnes et des problèmes sociaux de très grande ampleur.

Fumer des cigarettes

Fumer des cigarettes est l'acte de fumer du tabac et de respirer la fumée de tabac (comprenant les étapes moléculaire et vaporeuse). Une définition plus large peut inclure le fait de prendre la fumée du tabac dans la bouche, puis de la rejeter, comme le font certains avec les entonnoirs à tabac et les cigares.

Risque de suicide

Le suicide est la manifestation qui consiste à mettre fin à sa propre vie. Comme l'indique la Fondation américaine pour la prévention du suicide, le suicide est la dixième cause de décès aux États-Unis, mettant fin à la vie d'environ 47 000 Américains chaque année.

La conduite autodestructrice désigne le fait de discuter ou de prendre des mesures visant à mettre fin à ses jours. Les pensées et pratiques autodestructrices doivent être considérées comme une crise mentale.

Qualités héréditaires

Dans certaines familles, le nombre de personnes souffrant de troubles de la panique est plus élevé que la normale, et des études confirment que les troubles de la panique sont héréditaires. Cela peut être un facteur dans l'apparition d'un trouble anxieux chez une personne.

EFFETS SECONDAIRES DES ATTAQUES DE PANIQUE

Les attaques de panique commencent généralement de nulle part, tout d'un coup. Elles peuvent survenir n'importe quand - au volant d'un véhicule, au centre commercial, en dormant profondément ou lors d'une conférence. Vous pouvez avoir des attaques de panique périodiques, ou bien elles peuvent se produire de temps en temps.

Les attaques de panique ont de nombreuses variantes, mais en règle générale, les signes disparaissent en un rien de temps. Il se peut que vous vous sentiez épuisé et à bout de forces après la fin d'une attaque de panique.

Les attaques de panique intègrent généralement une partie de ces signes ou indications :

- Sentiment d'un destin proche (IMPENDING DOOM) ou d'une menace.
- Peur de la perte de contrôle ou de la mort
- Le pouls rapide et battant
- Transpiration
- Tremblements ou secousses
- Essoufflement ou sensation de serrement dans la gorge
- Refroidissements
- Bouffées de chaleur
- Nausées
- Contrainte abdominale

- Douleur thoracique
- Maux de tête
- Étourdissements, vertiges ou évanouissements
- Engourdissement ou sensation de frisson
- Sentiment de fausseté ou de séparation.

IMPACT DES ATTAQUES DE PANIQUE

Les personnes qui subissent les effets néfastes du trouble panique, ou attaques de panique, peuvent courir un risque beaucoup plus élevé d'épisode coronarien et de maladie coronarienne à un moment donné. ... Au cours de ces attaques, les personnes peuvent également présenter des signes physiques, notamment des transpirations, des problèmes respiratoires, des vertiges, des frissons, des douleurs thoraciques et des maux d'estomac.

L'anxiété à long terme et les crises de panique peuvent amener votre cerveau à décharger en permanence des hormones de stress. Cela peut accroître la récurrence des effets secondaires, par exemple, les douleurs cérébrales, la déconfiture et le chagrin.

Les crises de panique pendant la grossesse peuvent être une source d'inquiétude car elles peuvent affecter l'enfant à naître. La circulation sanguine vers l'enfant est réduite lorsque la mère est très anxieuse, ce qui peut entraîner un faible poids à la naissance et un travail précoce.

Les personnes atteintes d'un trouble panique peuvent avoir un cerveau qui réagit de manière particulièrement délicate à la peur. Les personnes atteintes de ce trouble présentent régulièrement une tristesse importante.

Les attaques de panique peuvent influencer la relation mère-enfant et la capacité d'adaptation de la mère pendant la période post-partum.

SOLUTION AUX ATTAQUES DE PANIQUE

Lorsque les signes se multiplient pendant une crise de panique, on peut avoir l'impression que l'expérience ne finira jamais. Bien que vous puissiez croire qu'il n'y a rien d'autre à faire que de l'endurer, il existe quelques procédures que vous pouvez pratiquer pour atténuer la gravité de vos signes et détourner votre psychisme.

Percevoir que vous avez une attaque de panique

En percevant que vous avez une attaque de panique plutôt qu'un épisode coronarien, vous pouvez vous dire que c'est bref, que ça va passer et que vous êtes OK.

Éliminez la crainte de donner un coup de pied dans le seau ou de voir le destin s'approcher, deux signes d'attaques de panique. Cela peut vous permettre de vous concentrer sur différents systèmes pour diminuer vos effets secondaires.

Avoir un plan en place

Quel que soit votre arrangement, le plus important est d'en avoir un. Vous pouvez considérer votre arrangement comme un ensemble de directives à suivre lorsque vous sentez qu'une attaque de panique se prépare. Un mécanisme peut consister à vous retirer de votre état actuel, à vous asseoir et à envisager la présence d'un compagnon ou d'un parent qui pourra vous distraire de vos indications et vous aider à vous calmer. À ce moment-là, vous pouvez rejoindre les systèmes d'accompagnement.

Pratiquez la respiration profonde

La brièveté du souffle est une indication typique des attaques de panique qui peuvent vous faire sentir fou et sauvage. Reconnaissez que votre essoufflement est le signe d'une attaque de panique, et que ce n'est que transitoire. À ce moment-là, commencez par inspirer à fond pendant quatre secondes, retenez votre souffle pendant une seconde, puis expirez pendant quatre secondes. Continuez à répéter cet exemple jusqu'à ce que votre respiration devienne contrôlée et cohérente. Le fait de vous concentrer sur le nombre de quatre vous empêchera non seulement de faire de l'hyperventilation, mais vous aidera également à faire taire les différents effets secondaires.

Pratiquer la pleine conscience

La pleine conscience peut vous aider à vous ancrer dans la vérité de ce qui vous entoure. Comme les attaques de panique peuvent provoquer un sentiment de séparation ou de cloisonnement du monde réel, cela peut combattre votre attaque de panique lorsqu'elle se rapproche ou se produit.

Concentrez-vous sur les sensations physiques que vous connaissez, comme enfoncer vos pieds dans le sol ou sentir la surface de votre pantalon sur vos mains. Ces sensations particulières vous ancrent réellement et vous donnent un but sur lequel vous concentrer.

Utilisez des techniques de relaxation musculaire

Au cours d'une crise de panique, il est inévitable que vous ayez l'impression de perdre le contrôle de votre corps, mais les méthodes de dénouement musculaire vous permettent de retrouver une partie de ce contrôle. Le relâchement dynamique des muscles est une stratégie simple, mais puissante, pour traiter les troubles de la panique et de l'anxiété. Commencez par saisir votre main crispée et maintenez cette prise jusqu'à ce que vous ayez atteint le chiffre de 10. Lorsque vous trouvez un rythme acceptable, relâchez la prise et laissez votre main se dérouler totalement. Ensuite, essayez une stratégie similaire au niveau des pieds, puis remontez petit à petit le long de votre corps en saisissant et en relâchant chaque groupe de muscles : jambes, excès, ventre, dos, mains, bras, épaules, cou et visage.

Participer à des exercices légers

Les endorphines maintiennent le siphonnage du sang de façon précise et immédiate. Cela peut contribuer à inonder notre corps d'endorphines, ce qui peut améliorer notre tempérament. Comme vous êtes stressé, choisissez un exercice léger et délicat pour le corps, comme la marche ou la natation. Le cas particulier est celui où vous faites de l'hyperventilation ou essayez de vous détendre. Faites d'abord ce que vous pouvez pour ralentir.

Répéter un mantra

Vous vous sentirez peut-être un peu maladroit en faisant cela dès le départ, mais le fait de vous répéter un mantra positif et stimulant pendant une crise de panique peut vous aider à gérer le stress. Essayez de répéter quelque chose d'aussi simple que "C'est transitoire. Je vais m'en sortir", ou "Je ne vais pas me casser la figure. J'ai besoin de me détendre".

Découvrez un objet et concentrez-vous sur lui

Choisissez un article que vous pouvez voir quelque part devant vous et notez tout ce que vous remarquez à propos de cet objet - de son ombrage et de sa taille à tout exemple qu'il pourrait avoir, où vous avez pu en voir d'autres comme lui, ou à quoi ressemblerait un article différent. Vous pouvez faire cela dans votre tête ou parler de votre observation de manière résonnante à vous-même ou à un compagnon.

Fermez les yeux.

Certaines attaques de panique ont pour origine des déclencheurs qui vous accablent. Si vous vous trouvez dans une situation où le rythme est rapide et où il y a beaucoup d'améliorations, cela peut prendre en charge votre attaque de panique.

Pour diminuer les améliorations, fermez les yeux pendant votre crise de panique. Cela peut faire disparaître toute amélioration supplémentaire et vous permettre de vous concentrer plus facilement sur votre détente.

Imaginez votre endroit joyeux

Quel est l'endroit le plus relaxant de la planète que vous puissiez envisager ? Un bord de mer lumineux avec des vagues qui bougent délicatement ? Ou un gîte dans les montagnes ?

Imaginez-vous sur place, et essayez de vous concentrer sur les subtilités autant qu'il est raisonnable de le faire. Imaginez que vous enfoncez vos orteils dans le sable chaud, ou que vous sentez le parfum vif des pins. Cet endroit devrait vous permettre de vous calmer, de vous reposer et de vous détendre.

Gardez une distance stratégique par rapport à la notion d'auto-sédation ou de médication.

Essayez de maintenir une distance stratégique par rapport à l'"auto-sédation". L'alcool n'aide pas les sentiments de panique, et à long terme, il les aggrave. Les tranquillisants ont un usage extrêmement transitoire, mais ils ne sont pas utiles à long terme et il est tout sauf difficile de devenir dépendant. Sachez que certains médicaments contre l'anxiété peuvent créer une dépendance - demandez systématiquement l'avis d'un médecin avant de prendre un médicament.

Chapitre SIX

COLÈRE

L'émotion de la colère n'est pas toujours un sentiment négatif. D'une certaine manière, la colère peut être un exutoire positif et un élément à ne pas négliger.

En tout cas, avoir en soi une rage qui se traduit par des penchants destructeurs envers soi-même ou envers les autres, et dont la source est une expérience douloureuse, n'est en aucun cas sain. Cette sorte de colère doit être gérée avant qu'elle ne se transforme en rencontres progressivement négatives/la rage est enfin votre compagnon et votre proche. En tout état de cause, tant que vous ne parviendrez pas à reconnaître ce sentiment comme une partie de votre être, vous serez, en général, en guerre avec le sentiment de colère tout comme avec vous-même. Vous devriez d'abord comprendre que la colère est un sentiment défensif et ensuite considérer les manières dont la colère peut vous être utile et favorable. Étant donné que la colère ou la férocité naît rapidement du tourment et de la crainte, et plus tard finalement de l'amour, vous devez veiller à ce que cette colère ne soit pas dissociée des autres sentiments essentiels. C'est à ce moment-là qu'elle devient dangereuse. Lorsque vous dépassez cette limite de penser à vos sentiments ou à ceux de quelqu'un d'autre, votre colère peut engendrer des tourments, qu'ils soient passionnels ou physiques. Par contre, si vous pouvez interfacer l'amour avec chaque envie de colère que vous avez, la colère s'estompera et l'amour et le sens gagneront.

La colère est l'un des sentiments humains les plus fondamentaux. Il s'agit d'une réaction physique et mentale à un danger ou à une blessure antérieure. La colère peut prendre des formes très diverses, allant de l'exaspération à la férocité aveuglante, en passant par le dédain qui s'installe au fil des ans. À tout moment, un mélange d'éléments physiques, mentaux et sociaux se combinent pour nous amener à ressentir un sentiment spécifique. C'est différent pour chacun d'entre nous. Nos sentiments sont influencés par notre constitution passionnelle, notre façon de voir le monde, ce qui se passe autour de nous et nos conditions. Comme d'autres sentiments, la colère se manifeste parfois seule.

SORTS OF ANGER

Non-impliqué ou passif Colère

Les personnes qui éprouvent une colère distante peuvent ne pas comprendre qu'elles sont en colère. Lorsque vous éprouvez une colère distante, vos sentiments peuvent se manifester par de la moquerie, de la distance ou du désagrément. Vous pouvez vous intéresser à des pratiques irréfléchies, par exemple faire l'école buissonnière ou travailler, éloigner vos proches ou ne pas être à la hauteur dans des circonstances professionnelles ou sociales. Pour les intouchables, il semblera que vous vous subvertissez volontairement, même si vous ne le comprenez pas ou si vous n'avez pas la possibilité d'effacer vos activités.

Comme la colère inactive peut être étouffée, elle peut très bien être difficile à percevoir ; le conseil peut vous aider à reconnaître les sentiments qui se cachent derrière vos activités, en exposant l'objet de votre colère afin que vous puissiez la gérer.

Force ou agressivité Colère

Les personnes qui éprouvent une colère violente sont généralement conscientes de leurs sentiments, même si elles ne comprennent généralement pas les véritables fondements de leur rage. Parfois, elles détournent leurs violents accès de colère vers des substituts, car il est trop difficile de penser à régler les vrais problèmes. La colère violente se manifeste régulièrement sous la forme d'une colère instable ou de représailles et peut entraîner des dommages physiques aux biens et aux autres. Pour gérer ce type de colère, il est essentiel d'apprendre à percevoir les éléments déclencheurs et à surveiller les signes de colère.

Colère assertive

La bonne méthode pour gérer la colère est d'être contrôlé et confiant, d'écouter et de parler, et d'être ouvert à l'aide pour gérer la situation. Cette colère assertive peut aider les associations à se développer. Elle implique de réfléchir avant de parler, d'être positif sur la façon dont on s'exprime, tout en étant ouvert et adaptable au "côté opposé". Elle implique de faire preuve de retenue, de ne pas élever la voix, de communiquer ce que vous ressentez intérieurement et d'essayer réellement de comprendre ce que les autres ressentent. Lorsque vous gérez votre colère avec assurance, vous montrez que vous êtes adulte et que vous vous souciez de vos relations et de vous-même.

COMMENT FONCTIONNE LA COLÈRE

Au cours de notre vie, nous évaluons continuellement les circonstances et choisissons notre opinion à leur sujet : positive ou négative, protégée ou périlleuse, etc. La façon dont nous déchiffrons une circonstance influe sur nos sentiments à son égard. Si nous pensons qu'une circonstance signifie "vous êtes en danger", nous ressentons de l'appréhension. Si elle signifie "vous avez été lésé", nous sommes furieux. Ces émotions déterminent également la manière dont nous réagissons à la situation. Nous interprétons rapidement les implications en sentiments. Dans le cas de la colère, cette rapidité implique dans certains cas que nous réagissions d'une manière que nous regrettons ensuite. Dès notre conception, nous observons les événements, leur donnant des implications et établissant une relation entre eux. Notre expérience nous permet de comprendre comment évaluer chaque circonstance.

LA NATURE DE LA COLÈRE

La colère est une expression enthousiaste dont la puissance varie de la gêne douce à la férocité extrême et à la colère. Comme d'autres sentiments, elle s'accompagne de changements physiologiques et naturels. Lorsque vous vous énervez, votre pouls et votre tension artérielle augmentent, tout comme les taux d'hormones vitales, d'adrénaline et de noradrénaline. La colère peut être provoquée par des événements extérieurs et intérieurs. Vous pouvez en vouloir à une personne en particulier (collègue ou directeur dans votre environnement de travail) ou à une occasion (embouteillage de voiture, vol raté), ou votre colère peut être provoquée par le stress ou l'agonie de vos problèmes. Le souvenir d'événements traumatisants ou irritants peut également déclencher des sentiments de colère.

COMMENT NOTRE CORPS RÉAGIT À LA COLÈRE

Un grand nombre de nos sentiments sont liés à une réaction physique spécifique. La colère prépare la psyché et le corps à l'activité. Elle stimule le système sensoriel, augmente le pouls, la tension circulatoire, la circulation sanguine vers les muscles, le taux de glucose et la transpiration. En outre, elle aiguise les facultés et augmente la production d'adrénaline, une hormone sécrétée en cas de stress. Parallèlement à ces changements physiques, on pense que la colère influence nos sentiments et nos croyances. Lorsque nous sommes confrontés pour la première fois à un danger, la colère nous incite à interpréter rapidement des données complexes en termes simples : "bien" ou "mal", par exemple. Cela peut être utile en cas de crise, car nous ne perdons pas de temps à évaluer des données qui n'ont pas d'incidence immédiate sur notre sécurité ou notre prospérité. Dans tous les cas, cela peut impliquer que nous manifestons avant d'avoir réfléchi à ce qui est important et d'avoir fait un choix équilibré sur la façon d'agir. Il se peut que nous devions faire plus d'efforts pour examiner la situation et la gérer de manière inattendue. Lorsque la colère entrave le raisonnement objectif, nous pouvons offrir une voie à l'envie d'agir avec force, poussés par l'impulsion d'endurer ou de protéger quelqu'un d'un risque.

LES RAISONS POUR LESQUELLES LES GENS SE METTENT EN COLÈRE

Les sentiments de colère émergent en raison de la façon dont nous déchiffrons et répondons à des circonstances spécifiques. Chacun a ses propres déclencheurs pour ce qui le rend fou, mais certains éléments de base se souviennent des circonstances pour lesquelles nous nous sentons.

Les individus peuvent décrypter les circonstances de manière inattendue, de sorte qu'une situation qui vous fait vous sentir extrêmement fou peut ne pas forcer une autre personne à se sentir furieuse (par exemple, des réponses différentes pourraient inclure le désagrément, la blessure ou la diversion). Quoi qu'il en soit, le fait que nous puissions déchiffrer les choses de manière inattendue ne signifie pas que vous interprétez les choses "mal" si vous explosez.

La façon dont vous déchiffrez et répondez à une circonstance peut dépendre d'un grand nombre de variables dans votre vie, notamment :

- l'adolescence et l'éducation
- rencontres passées
- conditions actuelles
- Hurt
- Menacé
- Pas de contrôle

Adolescence/éducation : Il est presque certain que la façon dont vous avez été élevé, et votre base sociale, auront un impact sur votre façon de communiquer votre colère. De nombreuses personnes reçoivent, lorsqu'elles sont jeunes, des messages sur la colère qui peuvent les rendre plus difficiles à gérer à l'âge adulte.

Vous avez peut-être été élevé dans l'idée qu'il est dans tous les cas normal de manifester votre colère, peut-être avec force ou brutalité, et on ne vous a pas appris à la comprendre et à la contrôler. Cela peut signifier que vous avez des crises de colère chaque fois que vous n'aimez pas la façon dont quelqu'un se comporte, ou que vous vous trouvez dans une situation qui ne vous convient pas.

Quoi qu'il en soit, si vous aviez vu la colère de vos parents ou d'autres adultes lorsqu'ils étaient fous, vous auriez pu la considérer comme quelque chose de ruineux et d'alarmant.

Ou bien, d'un autre côté, vous avez peut-être été élevé dans l'idée qu'il ne faut pas se plaindre mais plutôt supporter les choses, et vous avez peut-être été rabroué pour avoir exprimé votre colère dans votre jeunesse.

De telles rencontres peuvent vous amener à étouffer votre colère et à la transformer en un problème à long terme, où vous réagissez de manière inappropriée à de nouvelles circonstances qui vous déplaisent.

Rencontres passées : Si, dans le passé, vous avez rencontré des circonstances spécifiques qui vous ont mis en colère, par exemple des abus, des blessures ou du harcèlement (que ce soit dans votre enfance ou plus tard en tant qu'adulte), et que vous ne pouviez pas communiquer votre colère de manière sûre à ce moment-là, il se peut que vous vous adaptiez à ces sentiments de colère maintenant. Cela peut signifier que vous découvrez actuellement certaines circonstances particulièrement éprouvantes, qui ne peuvent que vous rendre fou.

Parfois, votre sentiment de colère actuel peut ne pas être exclusivement lié à la circonstance actuelle, mais peut également être identifié à une rencontre passée, ce qui peut impliquer que la colère que vous ressentez dans le présent est à un niveau qui reflète votre circonstance passée.

En prendre conscience peut nous aider à trouver des méthodes pour réagir aux circonstances du présent de manière plus sûre et moins angoissée.

Conditions actuelles : Si vous gérez une tonne de problèmes différents dans votre vie en ce moment, vous risquez de vous sentir furieux plus efficacement que prévu, ou d'exploser contre des choses aléatoires.

S'il y a quelque chose de spécifique qui vous met en colère, mais que vous ne vous sentez pas prêt à communiquer votre colère de manière légitime ou à la résoudre, vous découvrirez peut-être que vous exprimez cette colère à différentes occasions.

La colère peut également être un élément de la douleur. Si vous avez perdu quelqu'un d'essentiel pour vous, il peut être très difficile de s'adapter à toutes les choses contradictoires que vous pouvez ressentir.

Blessure : Les individus sont régulièrement soit attentifs et adorateurs envers nous, soit méchants et nuisibles.

Menacé : nous nous sentons menacés lorsqu'il y a un risque pour notre personnalité, par exemple, le risque d'être considéré comme hors sujet, terrible, de second ordre ou fragile.

La colère influence diverses parties de votre corps, notamment le cœur, le cerveau et les muscles. Un examen a révélé que la colère provoque également une augmentation des niveaux de testostérone et une diminution des niveaux corticaux.

Pas de contrôle : Se sentir responsable est une caractéristique que l'être humain désire et qui est de plus en plus importante pour certains individus.

Dépression

Il existe, à tort, une idée fausse selon laquelle la dépression consiste à pleurer continuellement et à ne pas se relever". Cependant, une humeur grincheuse étendue est une cause typique de la colère.

Anxiété

Les personnes souffrant d'une forte anxiété se sentent souvent presque accablées parce qu'elles doivent faire un effort substantiel pour faire face à leur état d'enthousiasme intérieur." Ainsi, lorsqu'une circonstance difficile se présente, vous pouvez être poussé à la limite, ce qui se manifeste par de la colère ou un court-circuit.

Abus d'alcool

L'abus d'alcool, ou l'alcoolisme, fait allusion à la consommation d'une grande quantité d'alcool immédiatement ou habituellement.

Les recherches montrent que la consommation d'alcool accroît l'hostilité.

L'alcool affaiblit votre capacité à penser sans ambiguïté et à faire des choix équilibrés. Il influence le contrôle de votre motivation et peut rendre plus difficile le contrôle de vos sentiments.

Trouble bipolaire

Le trouble bipolaire est un trouble mental qui provoque des mouvements émotionnels dans votre disposition.

Ces mouvements extrêmes de l'état d'esprit peuvent aller de la folie à la dépression, bien que toutes les personnes atteintes de troubles bipolaires ne rencontrent pas de dépression. Quoi qu'il en soit, de nombreuses personnes atteintes de troubles bipolaires peuvent connaître des moments de colère, de fracas et de fureur.

Trouble explosif intermittent

Un individu souffrant du trouble explosif intermittent (TEI) a des scènes répétées de conduite énergique, irréfléchie ou vicieuse. Elle peut dépasser les limites des circonstances en manifestant une colère sans commune mesure avec les circonstances.

Chagrin

Le deuil est l'une des raisons de la colère. La douleur peut naître de la mort d'un ami ou d'un membre de la famille, d'une séparation ou d'un divorce d'avec vos proches, ou de la perte d'un emploi. La colère peut être dirigée contre la personne décédée, contre toute autre personne impliquée dans l'événement ou contre des choses sans vie.

COMMENT LA COLÈRE MÈNE À LA VIOLENCE

La colère peut donner un énorme élan de vitalité qui vous pousse à réagir d'une manière que vous ne feriez pas normalement. Au moment où elle s'épuise, elle se transforme en une rage qui peut avoir des ramifications négatives pour vous et votre entourage.

Si vous éprouvez des sentiments incroyables, cela peut également déclencher des émotions sauvages. Ces sentiments peuvent être exacerbés, et ne peuvent qu'inciter à la sauvagerie, si vous buvez excessivement ou abusez de drogues.

Si vous laissez votre colère se transformer en brutalité, il est de plus en plus important que vous gardiez le contrôle et que vous trouviez du soutien pour gérer vos émotions.

LES EFFETS DE LA COLÈRE

Une colère incessante qui éclate constamment ou qui prend des allures de folie peut avoir des ramifications négatives pour vous :

Il affaiblit votre système immunitaire.

Si vous êtes constamment désemparé, vous risquez de vous sentir affaibli d'autant plus fréquemment. Lors d'une étude, des chercheurs de l'université de Harvard ont découvert que, chez des personnes fiables, le simple fait d'évoquer une rencontre furieuse de leur passé entraînait une chute de six heures des niveaux de l'immunoglobuline A, l'agent neutralisant, première ligne de résistance des cellules contre la maladie.

Bien-être physique

Travailler en permanence à des niveaux de stress et de colère importants vous rend de plus en plus vulnérable aux maladies coronariennes, au diabète, à un cadre sécuritaire affaibli, aux troubles du sommeil et à l'hypertension.

Bien-être psychologique

La colère chronique consomme une grande quantité de vitalité mentale et embrouille votre raisonnement, ce qui vous empêche de vous concentrer ou d'apprécier la vie. Elle peut également provoquer du stress, de la tristesse et d'autres problèmes de bien-être psychologique,

Vocation ou carrière

Les analyses constructives, les contrastes novateurs et les discussions animées peuvent être sains. Cependant, vous vous énervez et vous vous éloignez de vos associés, de vos superviseurs ou de vos clients, ce qui nuit à leur respect,

Les relations

La colère peut provoquer des cicatrices durables chez vos proches et entraver vos relations amicales et professionnelles. Une colère dangereuse rend difficile pour les autres de se confier à vous, de parler honnêtement ou de se sentir bien - et est particulièrement nuisible pour les jeunes.

Si vous avez un tempérament colérique, vous pouvez avoir l'impression qu'il est hors de votre contrôle et que vous ne pouvez pas faire grand-chose pour le dompter. En tout cas, vous avez plus d'autorité sur votre colère que vous ne le pensez. En comprenant les bonnes explications qui se cachent derrière votre colère et ces instruments de gestion de la colère, vous pouvez trouver comment communiquer vos sentiments sans blesser les autres et empêcher votre colère de prendre le contrôle de votre vie.

SYMPTÔMES DE LA COLÈRE

La colère provoque également certains symptômes physiques et émotionnels. Bien qu'il soit tout à fait normal de rencontrer ces symptômes de temps à autre, une personne souffrant de problèmes de colère les ressentira en général plus fréquemment et à un degré de plus en plus extrême.

Interrompre

Les personnes en colère sont, en général, des personnes impatientes. Il leur arrive fréquemment d'avoir du mal à attendre que les autres terminent ce qu'ils disent. Et de toute façon, lorsqu'ils peuvent laisser les autres parler, ils n'écoutent pas forcément - mais font simplement semblant.

Se plaindre

Les personnes qui investissent une tonne d'énergie à se plaindre des transgressions et des défauts d'autres individus peuvent avoir un "problème" de colère.

Irritabilité

il s'agit d'une réaction inutile à des stimuli. Le terme est utilisé à la fois pour la réaction physiologique aux stimuli et pour l'affectabilité obsessionnelle, étrange ou exorbitante aux stimuli ; il est généralement utilisé pour faire allusion à la colère ou à la déception. L'irritabilité peut se manifester par des réactions comportementales à des stimuli tant physiologiques que comportementaux, y compris des stimuli naturels, situationnels, sociologiques et passionnels.

Rancune

Les relations peuvent durer lorsque quelqu'un a du mal à pardonner à une personne qui lui a fait du tort dans le passé. Et les personnes souffrant de problèmes de colère ont souvent du mal à faire cela.

Au lieu de cela, ils continuent à revivre la frustration, la haine et la douleur à chaque fois qu'ils se souviennent d'une situation inappropriée - qu'elle ait été vue ou réelle.

Déformation musculaire

Il s'agit de l'extension ou de la déchirure de fibres musculaires. La plupart des claquages musculaires se produisent pour l'une des deux raisons suivantes : soit le muscle a été étiré au-delà de son point de rupture, soit il a été contraint de se contracter de façon trop univoque. Dans les cas légers, seules quelques fibres musculaires sont étendues ou déchirées, et le muscle reste impeccable et solide. Dans les cas graves, en revanche, le muscle tendu peut être déchiré et inapte à fonctionner correctement.

Le rouge au visage

La colère entraîne l'expression du visage - et cela vaut aussi bien pour la "chaleur" émotionnelle que pour les températures chaudes mesurées sur un thermomètre. La colère peut également provoquer une respiration laborieuse, une agitation et, en tout état de cause, des allées et venues.

La colère a un impact sur le corps comme sur l'esprit. En fait, diverses enquêtes ont indiqué que les personnes en colère sont susceptibles de souffrir d'hypertension et de subir une attaque ou une crise cardiaque.

Criant

C'est le fait de parler avec frustration et de parler d'une voix forte, fréquemment aussi bruyante qu'il serait prudent, normalement lorsque vous avez besoin de vous faire comprendre dans des circonstances bruyantes, ou lorsque la personne avec laquelle vous conversez est éloignée ou ne peut pas bien entendre en effet et cela arrive parfois lorsque vous êtes en colère, et cela peut mener à des conflits

Être trop sensible

Les personnes en colère sont promptes à se vexer. Des remarques qui peuvent faire rire les autres peuvent avoir la peau de quelqu'un qui a un comportement colérique. Certaines personnes ayant un "problème" de colère sont hyper-vigilantes, attendant toujours que les autres fassent des bêtises.

Être sans cœur

Les personnes en colère ont tendance à ne pas être extrêmement compatissantes ou empathiques. Certains prennent plaisir à l'adversité des autres - un incident connu sous le nom de schadenfreude. Et certains sont prompts à condamner et tardifs à féliciter

LES EFFETS DE LA COLÈRE

Les effets physiques de la colère

La colère déclenche la réaction de " combat ou fuite " du corps. Les différents sentiments qui déclenchent cette réaction comprennent la peur, l'énergie et le malaise. Les organes surrénaux inondent le corps d'hormones de pression, par exemple l'adrénaline et le cortical. Le cerveau détourne le sang des intestins vers les muscles en prévision d'un effort physique. Le pouls, la tension circulatoire et la respiration augmentent, le niveau de chaleur interne s'élève et la peau transpire. La psyché est aiguisée et centrée.

Problèmes de santé liés à la colère

La poussée constante de substances synthétiques sous pression et les changements métaboliques connexes qui accompagnent une colère continue et non gérée peuvent, à long terme, causer des dommages à divers organes du corps.

Parmi les problèmes de santé à court et à long terme qui ont été liés à une colère non gérée, citons les suivants

- Maux de tête
- Problèmes de digestion, par exemple, maux d'estomac
- Insomnie
- Nervosité accrue
- Dépression

- Forte pression circulatoire
- Problèmes de peau, par exemple, dermatite
- Crise cardiaque
- Accident vasculaire cérébral

COMMENT SURMONTER LA COLÈRE

Vous êtes prêt à mettre votre colère à plat ? Commencez par considérer ces conseils de gestion de la colère.

Réfléchissez avant de parler

Sous le coup de la colère, il est facile de dire quelque chose que l'on regrettera par la suite. Prenez quelques secondes pour rassembler vos considérations ou vos pensées avant de dire quoi que ce soit - et permettez aux autres personnes impliquées dans la situation de faire de même.

Une fois calmé, exprimez votre colère

Dès que vous avez les idées claires, exprimez votre frustration de manière assertive mais non conflictuelle. Mentionnez vos préoccupations et vos besoins de manière claire et directe, sans blesser les autres ni tenter de les contrôler.

Faites une pause

Votre respiration peut devenir plus superficielle et s'accélérer lorsque vous vous mettez en colère. Vous pouvez inverser cette tendance (et votre colère) en prenant des expirations modérées par la bouche et des respirations complètes par le nez pendant plusieurs instants.

Faites de l'exercice

L'activité physique peut contribuer à réduire le stress qui peut vous faire perdre le contrôle. Si vous sentez votre colère monter, faites une marche rapide ou une course, ou investissez de l'énergie dans d'autres activités physiques agréables.

En relaxant vos muscles

La relaxation musculaire dynamique vous demande de tendre et de détendre progressivement différents groupes de muscles de votre corps, chacun à son tour. Pendant que vous vous contractez et vous relâchez, prenez des respirations modérées et délibérées.

Prenez du temps libre

Les temps d'arrêt ne sont pas réservés aux enfants. Accordez-vous de courtes pauses pendant les moments de la journée qui ont tendance à être stressants. Quelques secondes de calme peuvent vous aider à vous sentir mieux préparé à affronter ce qui vous attend sans vous énerver ou vous mettre en colère.

Identifier quelques solutions possibles ou potentielles

Au lieu de vous concentrer sur ce qui vous met en colère ou vous contrarie, essayez de résoudre le problème en question. La chambre chaotique de votre enfant vous rend fou ? Fermez l'entrée. Votre partenaire est toujours en retard pour le dîner ? Planifiez les repas plus tard dans la soirée - ou acceptez de manger seul(e) quelques fois par jour. Rappelez-vous que la colère ne peut rien arranger et qu'elle ne fera que rendre les choses plus regrettables.

Répétez un mantra

Trouvez une phrase ou un mot qui vous aide à vous recentrer et à vous calmer. Dites ce mot encore et encore à vous-même lorsque vous êtes en colère. "Relaxe", "Tu vas t'en sortir" et "Calme-toi" sont de bons exemples.

S'évader intellectuellement

Entrez dans une pièce calme, fermez les yeux et entraînez-vous à vous visualiser dans une scène relaxante. Concentrez-vous sur les détails de la scène imaginaire : Quelle est la taille des montagnes ? Quel est le son du gazouillis des oiseaux ? Cette pratique peut vous aider à trouver le calme au milieu de la colère.

Limitez vos propos

Lorsque vous êtes en colère, vous pouvez être tenté de laisser échapper des mots furieux, mais vous risquez de faire plus de mal que de bien. Faites semblant que vos lèvres sont collées, comme vous le faisiez lorsque vous étiez enfant. Quelques moments sans parler vous donneront le temps de rassembler vos pensées.

Tenez-vous en aux déclarations "je".

Pour éviter de rejeter la faute ou de critiquer - ce qui ne ferait qu'accroître la tension - utilisez des déclarations "je" pour décrire le problème. Soyez précis et respectueux. Par exemple, dites "Je suis vexé que tu aies quitté la table sans proposer d'aider à faire la vaisselle" plutôt que "Tu ne fais jamais le ménage".

Ne soyez pas rancunier

Le pardon est un atout incroyable. Si vous laissez les sentiments négatifs et la colère envahir les sentiments positifs, vous risquez de vous retrouver englouti par vos sentiments ou l'amertume de l'injustice. Mais si vous êtes capable de pardonner à la personne qui vous a mis en colère, vous pourriez tous deux tirer des leçons de la situation et renforcer votre relation.

Utilisez l'humour pour relâcher la tension

Se détendre peut aider à désamorcer les tensions. L'humour permet de faire face à ce qui vous met en colère et, éventuellement, à vos attentes irréalistes quant à la façon dont les choses devraient se passer. Évitez le sarcasme, car il peut blesser les sentiments et rendre les choses plus regrettables.

Pratiquez des techniques de relaxation

Au moment où votre émotion s'emballe, mettez en œuvre des techniques de relaxation. Pratiquez des exercices de respiration profonde, imaginez une scène relaxante, ou répétez un mot ou une phrase apaisante, par exemple, "Vas-y doucement". Vous pouvez écrire dans un journal, écouter de la musique ou faire quelques présentations de yoga - tout ce qu'il faut pour favoriser la relaxation.

Savoir quand demander de l'aide

Apprendre à contrôler ses émotions est parfois un défi pour tout le monde. Demandez conseil pour les problèmes de colère. Si votre passion semble hors de contrôle, elle peut vous conduire à faire des choses que vous regrettez ou à blesser votre entourage.

Le pardon

Le pardon est toujours important ; si une personne s'est excusée ou a supplié pour vous avoir mis en colère, ou si vous vous rendez compte que la situation "n'en vaut pas la peine", soyez disponible pour pardonner. Et soyez prêt à être pardonné et à vous pardonner vous-même ! Cela vous aidera à vous calmer et favorisera l'épanouissement de vos relations avec les autres.

Pratiquez l'empathie

Essayez de vous mettre à la place de l'autre personne et de voir la situation de son point de vue ou de son expérience. En racontant l'histoire ou en revivant les événements tels qu'ils les ont vus, vous comprendrez peut-être mieux et serez moins en colère.

Exprimez votre colère

Il n'y a pas de mal à dire ce que l'on ressent, tant que l'on peut le gérer de la bonne manière. Demandez à un ami de confiance de vous aider à faire preuve de responsabilité et de calme dans votre réaction. Les débordements ne règlent aucun problème, mais un dialogue mature peut contribuer à réduire votre stress et à apaiser votre colère. Il peut aussi prévenir l'avenir.

Rire

Rien ne renverse un mauvais état d'esprit comme un bon. Diffusez votre colère en cherchant à sourire, que ce soit en jouant avec vos enfants, en regardant un stand-up ou en faisant défiler des images.

Pratiquez la gratitude

Prenez un moment pour vous concentrer sur ce qui est bien quand tout semble mauvais. Prendre conscience du nombre de choses bénéfiques que vous avez dans votre vie peut vous aider à neutraliser la colère et à retourner la situation.

Thérapie par la parole et conseil

Cela implique de parler de vos problèmes avec un professionnel qualifié (par exemple, un guide ou un psychothérapeute) qui peut vous aider à explorer les causes de votre colère et les moyens de la gérer. Cela peut vous aider à surmonter vos sentiments et à améliorer vos réactions face aux situations qui vous mettent en colère.